AI(미드저니)로 만든 【굴뚝 마을】

「CHIMNEY TWON Landscape」의 일례

「CHIMNEY TWON GIFT」 메달 디자인

「밴드 사우루스」 인스타그램 BAND SAURUS(@band_saurus)

PECO/by Kuria LALA/by Takenoko LILY/by Nemoto

ACHICHI/by Hinotorihomura GABURI/by Azu AIBO/by Machio

밴드 사우루스 미니 밴드 사우루스 NFT 경매 사이트에서

꿈과 돈

YUME TO KANE
Copyright© AKIHIRO NISHINO, GENTOSHA 2023
Korean translation rights arranged with GENTOSHA INC.
through Japan UNI Agency, Inc., Tokyo
Korean translation copyrights © 2025 by Somy Media, Inc.

이 책의 한국어판 저작권은 저작권사와의 독점 계약으로 ㈜소미미디어에 있습니다. 저작권법에 의해 한국 내에서 보호를 받는 저작물이므로 온·오프라인에서 무단복제와 전재, 스캔 및 공유를 금합니다.

꿈과 돈

모든 꿈이 실현되는 미래

니시노 아키히로 지음
민경욱 옮김

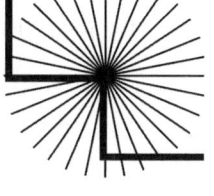

생존 * 신용 * 가능성 * 자립 * 선택지 * 구조 * 전략 * 해방

소미미디어
Somy Media

머리말

"꿈이야? 돈이야?" 당신 주위 사람은 아직도 이 논쟁을 되풀이하고 있을 것이다.

들을 필요 없다. 전부 헛소리다.

'꿈'과 '돈'은 상반된 관계가 아니다. 우리는 꿈만 선택할 수 없다.

'돈'이 없으면 '꿈'도 사라진다. 이게 진실이다.

만약 당신 부모나 학교 선생이 "돈 얘기는 하지 마라. 격 떨어진다"라고 한다면 그들을 경멸해라.

만약 당신이 아이들에게 과거에 한 번이라도 그렇게 내뱉은 적이 있다면 심각하게 반성하고 아이들에게 진심으로 사과해라.

일본의 '자살률' '자살 원인' '범죄 동기'를 보면 이 말이 고통스러운 삶으로 이끄는 길임을 알 것이다.

당신의 말은 자살과 범죄로 떠미는 말이다.

당신의 말은 '꿈'을 죽이는 작업이다.

왜 당신은 꿈을 포기했나?

왜 당신은 다른 사람을 질투하나?

왜 그 나이를 먹고 세상 쓸모없는 악플 활동에 힘을 쓰나?

대답은 다 알고 있지 않나?

그러면서 왜 아이들에게 똑같은 길을 걷게 하나?

도망치지 마라.

지금, 이 나라에 부족한 건 '희망'이다.

희망을 품으려면 꿈을 이야기하고 '돈'을 배워야 한다.

아이는 물론, 아이에게 등을 보여선 안 되는 어른도 마찬가지다.

"돈타령만 하고 있네"라고 말한다면, 알겠다.

그렇다면 나보다 더 큰 꿈을 이야기하고, 행동하고 있는 사람을 데려와 봐라.

그럴 수 없다면 잠자코 내 이야기를 듣길 바란다.

듣기 좋은 소리는 아닐 것이다.

꿈을 이루는 진짜 이야기를 하겠다. 80분이면 충분하다.

니시노 아키히로(킹콩)

목차

머리말

제1장 부유층의 생태계

지식 부족으로 목숨을 잃지 마라 011 │ '고가 상품'에 불평하는 바보 020 │
부유층을 알고, '프리미엄'과 '럭셔리'의 차이를 알라 027 │
'꿈'의 계산식 035 │ 기능을 파니까 '싸다'라고 느끼는 거다 042 │
당신의 도전에 큰돈을 내는 사람의 생활을 상상하라 047
《번외편》 탈노동집약형'과 '탈완판사고' 055

제2장 커뮤니티

'기능'이 돈이 안 된다는 사실을 받아들여라 067 │ 역사적 대패에서 배우는
'하이 스펙'과 '오버 스펙' 073 │ '기능 검색'에서 '사람 검색'으로 082 │
'올바른 서비스'보다 '마음을 훔치는 서비스'로 088 │ 시장 가격을
무시할 수 있는 '사람 검색'의 실제 예시 096 │ 핵심은 '고객의 팬덤화' 100 │
'응원할 여지'의 계산식 106 │ '팬 만들기'의 실제 예시 111 │ 커뮤니케이션은
어디에서 생기는 걸까? 117 │ 불편이 가져다주는 것 188
《번외편》 돈의 기초~빚은 나쁘다? 130

제3장 NFT

바다에 잠겨 있는 돈 이야기 139 | 새로운 문 앞에는 언제나 긴 설명이 있다 144 | NFT를 엄청 간단하게 설명하겠다 148 | 그림책 작가의 새로운 수입원 154 | NFT라는 럭셔리 상품 159 | 돈 같은 '공동 환상' 165 | '디지털 폭탄 돌리기'가 된 NFT 171 | AI × NFT로 활동 자금을 만든다 177 | 사람을 돕는 돈을 모으는 도구 185 | 시대를 바르게 파악하라 198

맺음말 ~꿈과 돈~

제1장

부유층의 생태계

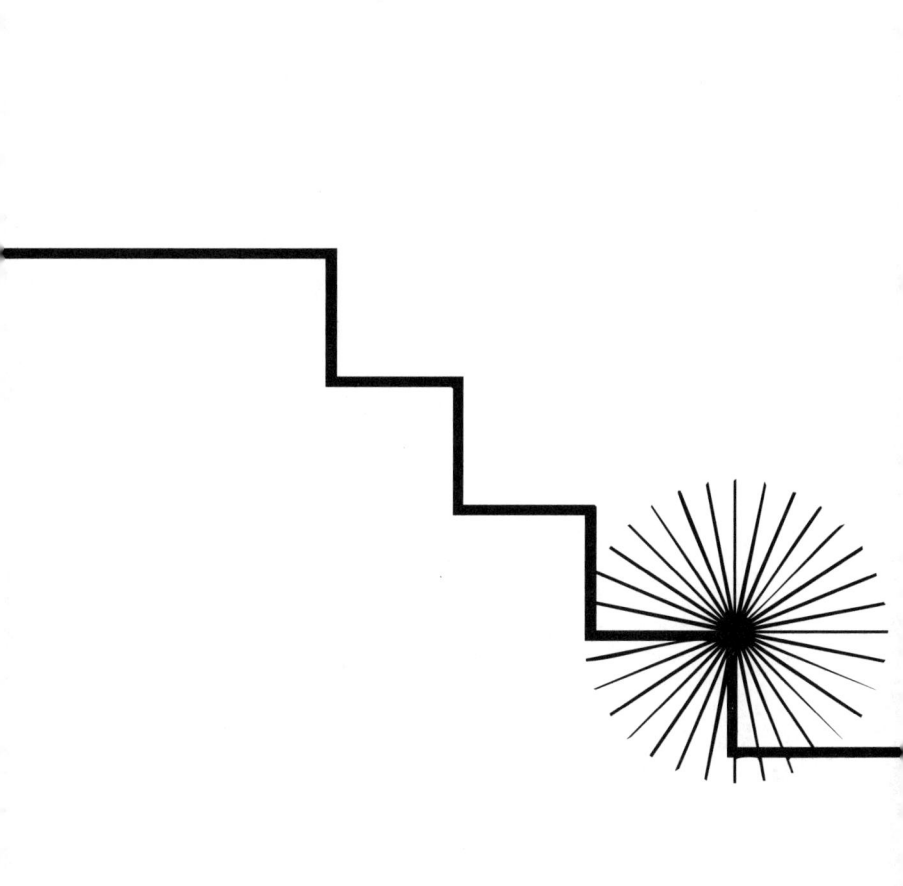

지식 부족으로
목숨을 잃지 마라

일본의 '자살률'은 내가 조사한 데이터에 따르면 OECD 기준 세계 8위이다. 선진국(G7)만 보면 자살 사망률 순위에서는 일본이 단독 1위이다.

동기는 나이에 따라 다른데 성인은 1위가 '건강 문제'이고 다음은 '경제·생활 문제'이다. 한마디로 말해 '궁핍한 생활'이다.

참고로 범죄 동기를 봐도 '궁핍한 생활 등'이 2위로 전체의 4분의 1에 해당한다.

우리는 돈이 제대로 돌지 않으면 자살과 범죄를 선택한다.

이런 결과가 나와 있는데도 일본의 어른들은 아이들에게 '돈' 얘기를 하지 않는다. 돈을 '지키는 방법' 얘기도 '만드는 방법'의 얘기도 아무것도 하지 않는다.

그러기는커녕 '돈'에 대해 진지하게 이야기하는 사람을 '수전노'라고 비웃고, '격 떨어진다'라며 멸시하며 돈을 모르는 바보를 양산해 일본의 자살률과 범죄율 증가에 공헌하고 있다.

잔인하기 이를 데 없는 행위이지만 유감스럽게도 그들에게는 그런 자각이 없다.

어떤 악의도 없이 자살과 범죄를 장려하고 있다.

당신의 부모나 학교 선생은 어떤가?

당신은 어떤가? 당신의 아이들은?

제대로 공부해 제대로 지켜라.

지식 부족으로 잃는 생명이 있음을 아는 것이 좋다.

시레토코 관광선 침몰 사건은 왜 일어났을까?

2022년 4월 23일에 관광선 'KAZU I'가 시레토코반도 앞바다에서 침몰해 승객과 승무원을 포함해 26명 중 20명이 사망하고 나머지는 행방불명되었다. '시레토코 관광선 침몰 사건'이다.

언론에서는 연일 운항사 사장에게 카메라와 마이크를 들이댔고, 기세를 몰아 온 국민이 그를 질타했다.

기자회견에서 남의 일인 양 행동하는 그의 태도는 책임

자답지 않았고, 끔찍할 정도였다. 도대체 뭘 먹어야 저런 인간이 되는 걸까?

다만 이것은 알아 두는 것이 좋다. 이 세상에 휴먼 에러는 없다. 시스템 에러가 있을 뿐이다.

'사람에게 실패를 안기는 시스템'이야말로 문제다.

그러므로 개인을 공개 처형한다고 해서 사고 '원인'은 제거되지 않는다.

사고 '원인'을 제거하지 않는 한 똑같은 사고가 일어난다.

'원인'이란 '어떤 상태나 변화를 일으키는 "근본"이 되는 것'이다.

언론은 '정비 불량', '무리한 운행'을 사고 '원인'으로 꼽았는데 착각하지 마라. 그것들은 '과정'이다.

'원인'은 '왜 정비 불량인 채로 바다에 나갔나?' '왜 무리한 운행을 계속했나?'라는 질문의 답이다.

계속 '왜?'를 반복하면 '정비가 안 되어 있었다' '무리하게 운행할 수밖에 없었다'라는 답이 나오는데 '왜 정비할 수 없었나?' '왜 무리하게 운행해야 했나?'라고 더 물으면 마지막에는 '돈'이라는 '원인'에 도달한다.

'돈이 없었기 때문'이다.

시레토코는 2005년 7월에 '세계자연유산'에 등록된 뒤로 연간 평균 100만 명(2006년은 235만 명)의 관광객이 찾아와 북적였는데 코로나 여파로 관광업은 큰 타격을 받았다.

궁지에 몰린 관광선 운항사는 2020년 7월 1일, 4사 합동으로 크라우드 펀딩을 시작해 후원금을 모았다.

2020년 7월 시점에서 회사 운영 자금이 떨어질 전망이었다.

사고 직후, 해당 펀딩 페이지는 사라졌고 지금은 더 이상 확인되지 않는데, 어차피 이런 일이 벌어질 줄 알고 펀딩 페이지의 전문과 리워드 내용은 물론, '후원자 수', '후원 총액'까지 모든 숫자를 저장해 두었다.

우리는 이 사고를 통해 배워야 한다.

펀딩 페이지에는 '정부와 홋카이도로부터 영업 자제 요청이 있어 골든위크부터 5월 말까지는 운항할 수 없었으며, 6월에도 수요 감소에 따른 최소 운항 인원 부족으로 운항하지 못하는 날이 이어지면서 전년 대비 6월은 95% 감소, 7월은 77% 감소, 8월은 80% 감소……'라는 운항 회사의 심각한 상황이 쓰여 있다.

이런 상황이라면 선박 정비에 충당할 '돈'도 없고 안전 운항을 가장 우선시할 여유도 없다.

자금난이 원인인 사고이므로 해결책은 '경영 정상화'일 텐데 경영은 내부 사정을 모르면 알 도리가 없다.

밖에 있는 우리는 억측으로 말할 게 아니라 밖으로 나와 있는 사실로부터 '여기는 이렇게 더 할 수 있었겠군'이라는 논의를 진행하는 게 좋다.

주목해야 하는 부분은 크라우드 펀딩이다.

리워드를 보면 '오리지널 티셔츠'가 6천 엔으로 나와 있다.

이 리워드의 후원자 수는 94명이다. 계산이 번거로우니 약 '100명'이라고 하자.

6000엔×100명이므로 이 리워드로 모인 후원금은 60만 엔이다.

여기에서 '사이트 수수료'가 약 10% 빠지면 54만 엔이다.

'디자이너에게 디자인을 발주했다'라고 적혀 있었으므로 가령 '지인 할인'을 받았다고 해도 '디자인비'는 어림잡아 4만 엔선이 될 것이다.

남은 돈은 50만 엔.

'티셔츠 제작비'가 1장에 약 1천 엔이라 치고 100장이면 10만 엔. 남은 돈은 40만 엔.

'티셔츠 배송료'가 약 250엔이라면 100장일 때 2만 5천 엔. 남은 돈은 37만 5천 엔.

배송은 자체적으로 해야 하므로 인건비도 든다.

모든 경비를 제하면 30만 엔만 남아도 그나마 다행이다.

문제는 '이 30만 엔을 모으려고 성인 여러 명이 달려들어 크라우드 펀딩 홍보 활동을 한 달 반이나 계속했다'라는 점이다. 시급은 얼마가 될까?

이 크라우드 펀딩은 전체 후원금 총액이 '622만 엔'이었는데 리워드의 원가가 높은 물품이 많고, 인건비가 드는 것도 있어서 300만 엔만 남겼어도 잘한 셈이다.

그걸 4개 회사가 나누는 것이니, 한 달 반 동안 한 회사에 들어온 돈은 약 70만 엔 정도일 것이다.

이 정도 사원을 거느린 회사로서는 자금이라고도 할 수 없다.

어디까지나 '가정'에 불과하나 만약 이 크라우드 펀딩에서 각 회사에 200만 엔이 들어왔다면 선박도 정비할 수 있었고 무리하게 운항하지 않았어도 되었을 것이다.

사고를 막았을 수도 있다. 생명을 구했을지 모른다.

그들에게 부족했던 점은 '크라우드 펀딩의 지식'이었다.

크라우드 펀딩이 일본에서 시작된 건 2011년이다.

벌써 10년도 더 전이다. 왜 지식을 받아들이지 않았나?

'오리지널 티셔츠'는 크라우드 펀딩의 리워드에서 가장 피해야 할 물품이다.

크라우드 펀딩 초보자가 제일 먼저 손을 댔다가 실패하는 리워드가 '오리지널 티셔츠'이다.

'"누구에게도 필요하지 않은 상품"을 만드는 데 돈과 시간을 들여 돈을 모은다'라는 행위는 도대체 무슨 생각인 건가?

이번 목적은 무엇인가? 티셔츠를 파는 건가? 아닐 것이다.

수요가 없는 물건을 판매하는 데 비용을 쓰면서 돈을 모으겠다는 모습을 보인다면 '이 사람은 돈 계산이 안 되는 사람이구나. 후원해 봐야 돈을 허투루 쓸 테니 후원하지 말자'라고 생각할 것이다.

그렇잖은가?

돈은 '돈을 잘 써 주는 사람'에게 모인다.

크라우드 펀딩을 할 때는 리워드로 쓸데없는 총알을 허비하지 마라. 리워드 목록에 돈에 대해 충분히 고려했다는 모습'을 보여라.

이런 논의는 2011년에 이미 다 끝났다.

내 온라인 살롱에서 이 화제를 꺼내면 살롱 회원 모두 하품을 해 댈 것이다.

그러나 당시 대부분의 일본인은 귀를 기울이지 않았다.

당시 일본인이 크라우드 펀딩을 하려는 사람에게 어떤 말을 던졌나.

'사기', '종교'……라고 했다. 무지가 폭발했다.

기억해 두는 게 좋다.

크라우드 펀딩에서 후원에 걸림돌이 되는 가장 큰 이유는 '로그인'이다. 카드 번호를 넣어야만 하는 그거 말이다.

"후원하는 건 좋지만 로그인이 귀찮아." 이런 목소리가 여기저기에서 터져 나온다.

즉 크라우드 펀딩에서 더 많은 후원을 받고 싶다면 내 반경 50미터 안에 있는 사람들에게 '로그인**해 달라고 할**' 필요가 있다.

만약 당신이 과거 "크라우드 펀딩은 사기야~", "크라우드 펀딩은 수상한 종교야~"라고 소리친 적 있다면 당신 주위에는 당연히 '크라우드 펀딩에 로그인하지 않는 인간'이 모여 있을 것이다.

그런 상황에서 코로나19를 맞은 당신이 "역시 나도 크라우드 펀딩을 해야겠어!'라고 손바닥 뒤집듯 마음을 바꿔도 이미 늦었다. 당신에게 후원은 모이지 않는다.

당신 주위에는 크라우드 펀딩에 등을 돌린 사람만 모여 있을 테니까.

당신의 미래를 죽인 사람은 바로 당신이다.

그리고 당신은, 당신 주위 사람의 미래도 죽였다.

모르는 것을 부정하지 마라.

내용을 확인하지 않고 비판만 하면 반드시 그 화가 돌아온다.

그것이 사람의 생명과 관련된 경우도 있다.

부끄러워해라. 그리고 무지를 퍼트리는 자신은 오늘로 끝내 버려라.

설교는 여기서 끝내겠다.

이래저래 혹독한 말을 쏟아내 정말 미안하다.

이제부터는 공부의 시간이다.

꿈의 현실을 배워 강해져라.

선진국(G7) 자살 사망률

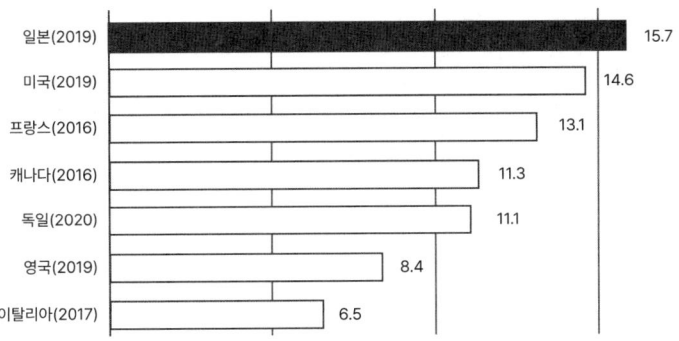

- 일본(2019): 15.7
- 미국(2019): 14.6
- 프랑스(2016): 13.1
- 캐나다(2016): 11.3
- 독일(2020): 11.1
- 영국(2019): 8.4
- 이탈리아(2017): 6.5

* 세계보건기구 자료(2022년 2월)를 바탕으로 후생노동성 자살대책추진실 작성

원인·동기별 자살자 수

(단위:명)

	원인·동기가 특정된 자살자의 원인·동기별						
	가정문제	건강문제	경제·생활문제	근무문제	남녀문제	학교문제	기타
2021년	3,200	9,860	3,376	1,935	797	370	1,302
2020년	3,128	10,195	3,216	1,918	799	405	1,221
증감수	72	-335	160	17	-2	-35	81
증감률(%)	2.3	-3.3	5.0	0.9	-0.3	-8.6	6.6

주) 자살의 대다수는 다양하고 복합적인 원인 및 배경이 있으며, 여러 가지 원인이 연쇄적으로 이어지며 일어나고 있다.

주) 유서 등의 자살을 뒷받침하는 자료로 명확하게 추정되는 원인·동기를 자살자 한 사람당 3가지까지 계상(計上)할 수 있으므로 원인·동기가 특정된 사람의 원인·동기별 수와 원인·동기가 특정된 사람의 수(2020년은 15,127명, 2021년은 15,093명)는 일치하지 않는다.

자료: 2022년 3월 15일/후생노동성 자살대책추진실 경찰청 생활안전국 생활안전 기획과 조사

※ 이 항목의 본문 속 데이터는 위의 내용 외에 '2021년의 자살 현황' 후생노동성 자살대책추진실 경찰청 생활안전국 생활안전 기획과의 조사, 2022년판 범죄 백서 제8편/제3장을 바탕으로 하고 있다.

'고가 상품'에
불평하는 바보

앞 꼭지의 말미에 험한 말을 내뱉은 걸 일단 사과하고, 여기서는 '"고가 상품"에 불평하는 바보' 이야기를 하겠다.

하지만 아주 중요한 이야기이니 화내지 말고 들어 주길 바란다.

2022년 1월에 가부키 명가 이치카와 단주로 씨 일가가 총출연하는 신작 가부키 「푸펠 ~천명의 쓰레기 인간」의 'SS석'을 3만 엔에 준비했는데 '너무 비싸!'라며 논란이 일었다.

참고로 푸펠 가부키의 'SS석'은 무시무시한 기세로 팔려 나갔다.

즉, 불평을 한 건 'SS석을 사지 않은 사람들'이다.

일본에서는 종종 '고가 상품을 사지도 않는 사람이 고가 상품의 가격에 불평을 하는' 기묘한 광경이 펼쳐진다. "더

싸게 해!"라고.

 그들은 높은 가격대의 상품을 망치려고 밤낮으로 활동을 계속하는데, 이게 얼마나 바보 같고 잔혹한 행동인지 지금부터 150초 동안 설명하겠다.

비행기의 요금

 '비행기 요금'을 예로 생각해 보자.
 비행기는 좌석과 서비스에 따라 촘촘하게 가격이 달라진다.
 그렇다면 비행기의 좌석 요금은 도대체 얼마일까?
 어차피 하는 김에 '도쿄→뉴욕'의 비행기표 가격을 조사했다. 대충 이런 식이다.

 좌석 수는 전부 '244석'.
 그 내역은……,

 '이코노미 클래스 = 147석',
 '프리미엄 이코노미 클래스 = 40석',
 '비즈니스 클래스 = 49석',
 '퍼스트 클래스 = 8석'.

JAL 보잉777-300ER(773)의 경우

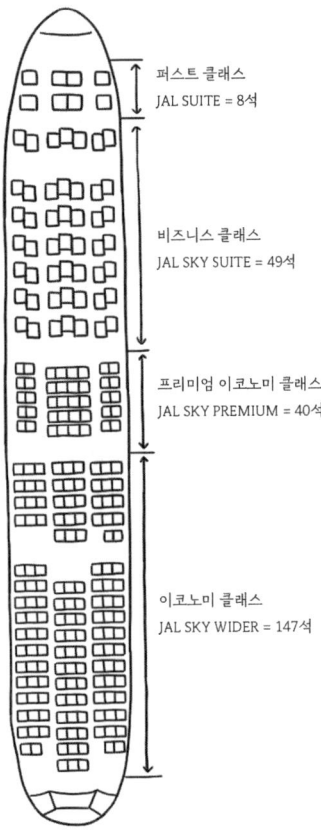

퍼스트 클래스
JAL SUITE = 8석

비즈니스 클래스
JAL SKY SUITE = 49석

프리미엄 이코노미 클래스
JAL SKY PREMIUM = 40석

이코노미 클래스
JAL SKY WIDER = 147석

*출처: JAL 홈페이지 http://www.jal.co.jp/jp/ja/aircraft/conf/777.html

퍼스트 클래스는 8석에 불과하다.

그리고 각 좌석의 요금은 2023년 기준으로……,

'이코노미 클래스 = 22만 5천 엔',

'프리미엄 이코노미 클래스 = 39만 7천 엔',

'비즈니스 클래스 = 64만 6천 엔',

'퍼스트 클래스 = 188만 엔',

혹시나 해서 다시 한번,

'퍼스트 클래스 = 188만 엔'

이게 바로 고가 상품이다.

자. 이 좌석이 다 팔린다고 하면 도대체 어느 정도의 매상이 나올까?

계산해 보니 9564만 9천 엔이라는 숫자가 나왔다.

도쿄에서 뉴욕까지 비행기를 띄우면 티켓 비용만으로 '약 1억 엔'의 매상이 나온다는 소리다.

이는 곧 '약 1억 엔의 매상이 나오지 않으면 비행기는 띄울 수 없다'라고 할 수 있다.

이게 바로 '고가 상품이 있는 세상'이다.

이야기는 이제부터 시작이다.

이 '고가 상품이 있는 세상'에서 투덜이들의 바람대로 '고가 상품'을 빼면 어떻게 될까?

'퍼스트 클래스' '비즈니스 클래스' '프리미엄 이코노미 클래스' 자리는 다 빼고 그 빈 공간에 전부 '이코노미 클래스'

를 넣어 보았다.

그러면 비행기 좌석은 이런 느낌이 된다.

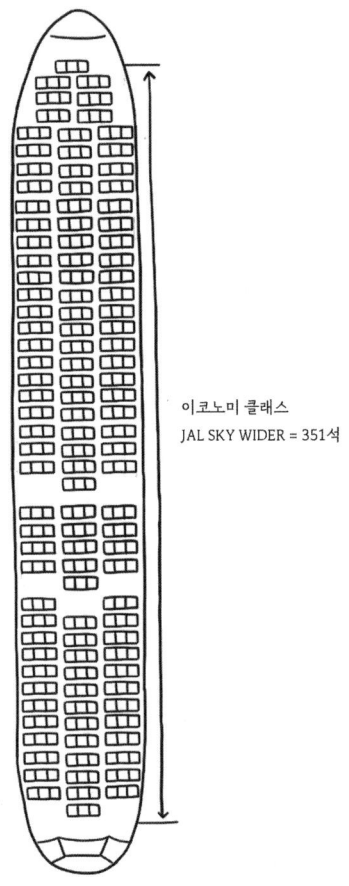

이코노미 클래스
JAL SKY WIDER = 351석

전체를 이코노미 클래스로 바꾸면······

큰 좌석을 뺀 만큼 많은 자리를 확보할 수 있으므로 좌석 수는 무려 '351석'. 아까보다 100석 이상 늘었다.

이로써 비행기를 띄우는 데 필요한 '약 1억 엔'을 '플러스 100명'으로 부담하는 것이 가능하다.

그렇다면 그만큼 1인당 티켓 요금도 싸질 것 같지만······, 웬걸, 그렇지가 않다.

'351석'에 이코노미 클래스 요금 '22만 5천 엔'을 곱하면 총매상이 나오는데 이게 겨우 '7897만 5천 엔'이다.

9564만 9천 엔에서 1667만 엔 정도 부족해지고 만다.

이래서는 비행기를 띄울 수 없으므로 부족분(약 1667만 엔)을 351명이 추가로 부담해야 한다.

1인당 추가 부담액을 계산하면 '4만 7504엔'.

이는 곧 우리가 이코노미 클래스에 앉을 때 '약 5만 엔'을 VIP석 고객이 부담해 준다는 소리다.

편도에 5만 엔. 가족 4명이면 20만 엔.

왕복이면 40만 엔을 VIP석 고객이 부담해 주는 것이다.

VIP석 옆을 지나갈 때 마음속으로 '감사다!'를 외치나?

오히려 '쳇!' 하고 혀를 차지 않나?

신작 가부키 「푸펠 ~천명의 쓰레기 인간」은 3만 엔의 SS석을 준비함으로써 B석의 가격을 낮출 수 있어 덕분에 객석은 가족 손님들로 채워졌다.

3만 엔짜리 자리를 만들지 않았다면 B석의 가격은 더 비싸질 테니, 돈에 여유가 있는 사람만 볼 수 있는 공연이 된다. 그래서는 신규 팬을 얻는 것은 불가능하다.

아주 중요한 점이므로 꼭 기억해 두는 게 좋다.

'고가 상품'을 없애 버리면 기다리고 있는 것은, '돈에 여유가 없는 사람에게 돈을 받는 세상'이다.

당신이 그런 잔혹한 세상에 관심이 있다면 내 얘기를 들을 필요는 전혀 없다.

다만 당신이 약한 사람에게도 상냥한 세상을 바란다면 '요금'에 대해 올바른 지식을 가져야 한다.

할 수 있겠지?

부유층을 알고, '프리미엄'과 '럭셔리'의 차이를 알라

VIP석 없이 이코노미석만 있는 비행기의 티켓은 비싸지고, VIP석이 없는 극장의 티켓도 비싸진다.

당신의 작품, 상품, 서비스를 돈에 여유가 없는 사람에게도 전하고 싶다면 당신의 작품, 상품, 서비스의 손님 가운데 'VIP 고객'을 만들어야 한다.

대다수의 일본인이 눈길을 주지 않는 '부유층'에 눈을 돌릴 필요가 있다.

부유층은 어디서 가치를 찾고 어디에 돈을 낼까?

그리고 부유층을 위한 작품, 상품, 서비스를 어떻게 만들어야 할까?

이 두 가지를 알 필요가 있다.

당신이 약한 사람에게 손을 내미는 사람이 되고 싶다면 말이다.

'프리미엄'과 '럭셔리'의 "위치"를 파악하라

고가 상품을 만드려면 우선은 '프리미엄'과 '럭셔리'의 차이를 알아야 한다.

이 두 가지에는 명확한 차이가 있는데 아마도 '공통적으로는 부자가 된 경험을 할 수 있다'라는 정도의 인식이지 않을까.

그래서는 평생 고가 상품을 만들 수 없고, 그래서는 평생 돈에 여유로운 사람에게 돈을 징수할 수 없다.

결론부터 먼저 말하겠다.

**'프리미엄'은 '경쟁 체제 속에서 최상위의 경험'이고,
'럭셔리'는 '경쟁이 없는 경험'을 말한다.**

······응? 소리냐고?

경영 컨설턴트 야마구치 슈 씨가 『뉴타입의 시대(인플루엔셜 출간)』에서 쓴 '자동차' 이야기를 예로 들면 이해하기 쉬울 것이다(※야마구치 슈 씨의 책은 모두 정말 흥미로워 추천합니다).

이것은 세로축을 '쓸모 있다/쓸모없다'로, 가로축을 '의미 있다/의미 없다'로 놓고 「자동차 업계가 제공하는 가치의

시장」을 표로 표현한 것이다.

자동차 업계가 제공하는 가치의 시장

	의미 없다	의미 있다
쓸모 있다	도요타 닛산	BMW 벤츠
쓸모 없다		페라리 람보르기니

출처: 야마구치 슈 지음 『뉴타입의 시대』
https://diamond.jp/articles/-/208503?page=3

일본 자동차는 '쓸모는 있으나 의미가 없다'라는 위치에 있다.

일본 자동차는 어쨌든 성능을 중시한다.

조용하고 연비도 좋고 승차감도 좋아서 '쓸모 있다'는 점은 이해된다. 그런데 '의미가 없다'는 건 무슨 말인가?

이 의문은 다음 설명을 들으면 이해가 갈 것이다.

요즘 BMW와 벤츠의 '동력 성능', '정숙성', '환경 성능'에는 불평거리가 없다. 일본 자동차와 마찬가지로 '쓸모 있는 자동차'이다.

일본 자동차와 다른 점은 '벤츠를 타는, 나, 어때?'라고 말하거나 생각할 수 있다는 점이다. BMW와 벤츠에는 '의미'가 있다.

옷으로 이야기를 바꿔 보면 여기서 '의미'는 '브랜드'이다.

같은 하얀 셔츠라도 아무것도 없는 흰 셔츠와, 가슴에 'GUCCI' 로고가 들어간 흰 셔츠에는 '기능'은 같아도 '의미'가 다르지 않겠나?

그런 느낌이다.

페라리와 람보르기니는 '쓸모는 없으나 의미가 있다'라는 위치에 있다.

여기서는 '쓸모없다'라는 점을 설명하는 게 좋을 것 같다.

람보르기니는 차 문이 위로 열리는데 '차 문이 위로 열리니까 편하겠네~'라고 생각한 적 있나?

기능성만 생각하면 옆으로 열리는 문으로 충분하다.

페라리와 람보르기니는 그야말로 '슈퍼카'로 불리는 만큼 시속 350킬로미터를 낼 수 있다고 한다. 여기서 당신에게 묻고 싶다.

그만큼 속도를 낼 건가?

거리에서 시속 350킬로미터를 내면 깜짝 놀랄 만큼 원성을 살 텐데?

시속 350킬로미터를 낼 수 있지만 내지 않겠지.

게다가 슈퍼카를 소유한 엄청난 부자는 오히려 그다지 슈퍼카를 타지 않기도 한다.

운전사 딸린 '업무용 차량'을 따로 가지고 있고, 슈퍼카는 '집 차고 안에 세워 놓고 술 한잔하며 감상하는 것(인테리어)'가 되기도 한다.

그들은 이동 수단으로 슈퍼카를 이용하지 않는다.

즉, '기능(쓸모 있는 부분)'을 전혀 사용하지 않는다는 것이다.

그러므로 슈퍼카는 '쓸모는 없으나 의미가 있다'라는 위치에 있다.

굳이 말하자면 '의미밖에 없는' 게 슈퍼카이다.

다음으로 일본 자동차, 벤츠, 슈퍼카의 가격을 살펴보자.

일본 자동차는 대체로 '2백만~4백만 엔' 정도.

벤츠는 '7백만 엔'쯤 하려나.

그리고 슈퍼카는 '수천만 엔'.

2022년에 발매된 쿤타치는 '약 3억 엔'. (아이고야~)

'쓸모 있으나 의미가 없는 차'가 가장 싸고,

'쓸모 있고 의미가 있는 차'가 그다음으로 비싸고,

'쓸모없으나 의미뿐인 차'가 가장 비싸다.

표를 보면 '오른쪽 아래'가 월등하게 비싸다.

여기서 '프리미엄과 럭셔리의 차이'로 돌아가 보자.

이 그림에서 '프리미엄'과 '럭셔리'는 각각 어디에 있을까?

'프리미엄'은 '경쟁 체제 속에서의 최상위 경험'이다.

그러므로 '오른쪽 위'겠지.

대다수가 '더 성능이 높은 것'을 원하므로 경쟁사보다 성능이 좋은 차에 높은 가격을 붙인다.

일본 자동차와 BMW나 벤츠는 '경쟁 체제 속에서의 최상위 경험'을 제공하기 때문이다.

흥미로운 것은 럭셔리다.

'럭셔리'는 '경쟁이 없는 경험'을 가리킨다.

그렇다면, '럭셔리'의 위치는 어디인가? 이제 알았을 텐데.

맞다. '오른쪽 아래'이다.

쿤타치를 선택하는 고객은 '더 편리한 차'를 원해 각 회사의 자동차를 시승해 보고 비교한 결과 쿤타치에 다다른 것이 아니다.

처음부터 쿤타치를 살 생각이라 쿤타치를 산 것이다.

쿤타치에는 경쟁이 없다.

'프리미엄'과 '럭셔리'

	의미 없다	의미 있다
쓸모 있다	프리미엄	
쓸모 없다		럭셔리

명품도 마찬가지다.

'구찌' 옷을 살 때는 가장 편한 옷을 찾아 옷 가게를 돌아다니지 않고 곧장 구찌 매장에 가지 않나?

경쟁이란 없는 것이다.

이 설명으로 '프리미엄'과 '럭셔리'의 차이를 파악했을 것이다.

그리고 '프리미엄'과 '럭셔리' 사이에 말도 안 되는 가격 차이가 있다는 것도.

자동차로 말하자면 '프리미엄'과 '럭셔리'의 가격은 한두 자릿수 차이가 난다.

어떻게 '프리미엄'과 '럭셔리' 사이에 가격 차이가 이만큼 나는 걸까?

답은 '가격을 정하는 사람이 다르기 때문'이다.

'프리미엄 상품' 가격의 가격을 결정하는 사람은 '고객'이다.

경쟁 상품에 비해 '이게 이만큼 편리하니까 "3백 엔 추가"라도 이해되지만, "5백 엔 추가"는 좀……'이라는 느낌이다. 고객의 이해도가 그대로 시장 가격이 되므로 기능이 아주 뛰어나지 않는 한 격이 껑충 뛰는 일은 없다.

고객이 가격을 결정하는 상품의 가격을 올리려면 '이유'가 필요하다.

한편 '럭셔리 상품'의 가격을 결정하는 것은 럭셔리 상품을 다루는 사람이다.

'기능'이 가격과 연결된 것이 아니므로 판매자가 '부르는 값'이 가격이 된다. 그러니 가격을 크게 올려 비싼 값을 붙인다 한들 '사는 사람'이 한 명도 없다면 바보 같은 짓이다.

그렇지만 럭셔리 상품은 '사는 사람'이 있다.

파는 사람이 '부르는 값'에 '사는 사람'이 있다.

자, 럭셔리 상품은 왜 '부르는 값'을 이해하게 만드는 걸까? 우연일까?

아니, 그렇지 않다.

이것은 '기술'이다. 재현성이 있다.

'꿈'의 계산식

지금부터는 **'럭셔리'를 만드는 방법**을 얘기한다.

'럭셔리'를 번역하면 '호화'나 '사치'라는 단어가 나올 텐데 그러면 '프리미엄'과의 구별이 살짝 어렵다.

직역하면 '럭셔리'와 '프리미엄'은 비슷한 단어가 되므로 다음과 같이 번역해 보자.

『프리미엄』=『고급』
『럭셔리』=『꿈』

럭셔리는 '호화롭고' '사치스러워서' 엄청난 가격이 붙는 게 아니다.

'루이 비통'이나 '에르메스' 같은 '럭셔리 브랜드'가 바로 그렇다.

디자이너를 고용하려면 돈이 들겠으나 소재가 눈에 띄게 '호화'롭거나 '사치'스럽냐고 하면……. 물론 좋은 소재를 사용하지만, 그 정도 가격을 붙일 만큼의 소재를 쓰지는 않는다.

럭셔리의 가치가 엄청나게 치솟는 이유는 럭셔리가 '꿈'이기 때문이다. 아직 와닿지 않을 것이다.

'꿈'이란 무엇인가?

이는 산수로 설명할 수 있다.

이 계산식은 기억해 두는 게 좋다.

『꿈』 = 『인지도』 - 『보급도』

'모두가 알고 있으나 아무도 갖고 있지 않은' 것이 '꿈'이다.

럭셔리가 제공하는 것의 정체는 이것이다.

쉽게 떠올릴 수 있는 예를 들자면 레오나르도 다빈치의 「모나리자」가 그러하다.

참고로 「모나리자」의 가격을 알고 있나?

답부터 먼저 말하면 「모나리자」의 가격은 없다.

가격이라는 것은 '시장'에 나와야 생기는데 「모나리자」를 가지고만 있어도 전 세계에서 관광객들이 찾아와 돈이 땡그랑땡그랑 계속 들어오니, 「모나리자」가 시장에 팔려 나올 일은 없다.

그러므로 「모나리자」에는 가격이 붙어 있지 않다.

다만 "추정 가격"으로는 1천억 엔 이상이라고 한다.

교세라 돔 오사카의 건설비가 약 5백억 엔이므로 「모나리자」는 교세라 돔 오사카를 두 개 지을 수 있는 만큼인 셈이다. 레몬이라면 10억 개(※1개=1백 엔으로 계산)에 해당한다.

달랑 그림 한 장에 이런 가격이 붙어 있다는 소리다. 대단하다.

그러나 「모나리자」가 옛날부터 지금 정도의 가치가 있던 건 아니다.

「모나리자」는 1503년~1506년에 탄생했다고 알려져 있는데, 그 가치가 부동의 세계 1위가 된 것은 「모나리자」가 탄생하고 약 4백 년 후, 1911년 8월 22일이다.

그날 유명한 화가가 「모나리자」에 덧칠을 한 것도 아니고 액자에 다이아몬드를 붙인 것도 아니다.

그런데도 1911년 8월 22일에 갑자기 「모나리자」의 가치가 뛰었다.

왜일까?

답은, 그날 「모나리자」가 루브르 박물관에서 도난당했기 때문이다.

20세기 최대 미술품 절도 사건을 알리는 뉴스가 전 세계에 퍼진 그 순간 「모나리자」는 세계에서 가장 유명한 그림이 되었다.

이후 「모나리자」의 가치를 나타내는 계산식은 이렇게 바

뛰었다.

『모나리자』=『80억 명』-『1개』

지구에 사는 사람은 다 아는데 하나밖에 없는 게 「모나리자」이다.

그러므로 「모나리자」의 가치는 높다.

럭셔리를 만드려면, 이처럼 『인지도』-『보급도』의 값을 크게 할 필요가 있다.

때때로 지역 전통 공예품을 팔면서 '아는 사람은 다 안다'는 식으로 내세우곤 하지만, 럭셔리를 목표로 한다면 그 방식은 틀렸다.

그 공예품을 다섯 명이 알고 그 수가 다섯 개라면 『5 - 5』이므로 그 공예품의 럭셔리 가치는 제로가 된다.

당연히 가치가 낮은 물건은 비싸게 팔리지 않으므로 그 공예품은 '박리다매' 게임에 어쩔 수 없이 참가하게 된다.

우리는 늘 '다섯 개를 팔아서는 먹고살 수 없으니까 양산해 백 개를 팔자' 하고 '다매' 쪽으로 방향을 트는데, 수없이 말했듯 럭셔리의 계산식은 '인지도 - 보급도'이다.

'보급도'가 오르면 오를수록 럭셔리에서 멀어진다.

럭셔리를 만들고 싶다면 **높여야 하는 것은 '인지도'이다.**

'많은 사람이 알지만 상품은 다섯 개밖에 없어'로 가는 게 좋다. 표현을 바꾸면 상품을 다섯 개만 준비하고 많은 사람에게 선전하는 게 좋다.

럭셔리 브랜드를 보고 생각하라

이렇게 '럭셔리를 만드는 방법'을 알면 거리에서 만나는 '럭셔리 브랜드'의 생존 전략이 보일 것이다.

예를 들면 '루이 비통'.

루이 비통에서 쇼핑할 기회는 거의 없더라도, 혹시나 루이 비통 가방을 사게 되는 게, '어쩌다가'는 아닐 것이다.

지갑을 움켜쥐고 집 현관을 나와 곧장 루이 비통 매장으로 가는 패턴이겠지. 그때 루이 비통 매장은 '오늘의 목적지'가 될 것이다.

모든 사람에게 루이 비통은 그런 장소이다.

그렇다면 루이 비통은 백화점 7층이나 8층에 매장을 두면 좋지 않을까?

아니면 시 외곽도 괜찮지 않을까?

그야 '목적지'니까. 굳이 임대료가 비싼 곳에 매장을 낼 필요가 없다.

그러나 루이 비통은 백화점 1층이나 인도와 인접한 곳에 매장을 둘 때가 많다. 그뿐 아니라, 교통량이 많은 커다란

교차로 코너에 세워진 백화점 1층 모퉁이 같은 임대료가 비쌀 것 같은 장소에 매장을 낸다는 이미지가 있다.

왜일까?

교차로 앞에 매장을 낸다고 해서 루이 비통 매장을 그냥 오가다 들리는 사람은 없지 않겠는가? 그야 당연히 대뜸 살 수 있는 가격이 아니니까.

그런데 왜, 굳이 비싼 임대료를 내며 그런 장소에 매장을 낼까?

이미 알 것이다.

『인지도』-『보급도』의 값을 크게 하기 위해서다.

쉽게 매장에 들어오지 못하는 사람이 많아도 상관없다. 오히려 매장에 들어오지 못하는 사람이 많기를 바란다. '살 수 없는 사람'의 비율이 늘길 바란다.

그러기 위해서 높은 임대료를 내는 것이다.

이렇게 바꿔 얘기할 수 있을 것이다.

'럭셔리 브랜드는 "살 수 없는 사람"을 늘리려고 광고비를 낸다.'

정말 가끔 내가 그린 그림을 팔고 있는데 그럴 때는 그림을 홍보한다.

많은 그림 가운데 어떤 그림을 홍보할까?

답은 하나다.

'이미 팔아 버린 그림'이다.

그때, 그림의 가격이 오른다.

기능을 파니까
'비싸다'라고 느끼는 거다

'VIP'와 '럭셔리'에 대해서는 조금 더 친근한 이야기가 더 머리에 잘 들어올 테니 최근 내 현장에서 일어난 독특한 대화를 짧게 공유하겠다.

이 이야기를 들으면 '아, 알 것 같다~'라고 생각하게 될 것이다.

2023년 7월에 미야사코 히로유키 씨*를 주연으로 〈테일러 버튼~빼앗긴 비보(祕寶)〉이라는 연극을 준비하게 되었다.

계기는 어김없이 술자리였다.

미야사코 씨의 꿈이 '언젠가 극단을 꾸린다'라는 것이라는 걸 알았기에 취한 김에 '무대에는 안 서시나요?'라고 물었더니, '무진장 서고 싶지. 그런데……'라는 대답이 돌아왔다.

---

* 일본의 개그맨이자 배우

요시모토홍업을 그만두고 유튜브를 하거나 고깃집을 열기도 했다. 살기 위해, 가족을 지키기 위해 눈앞에 일어나는 온갖 문제를 정신없이 처리하는 동안 꿈은 뒤로 미루느라 꿈의 윤곽이 흐릿해진 걸까. 어쨌든 그 눈빛이 조금 쓸쓸해 보였다.

그런 눈빛을 무시할 만한 강심장은 아니었고, 한 사람의 후배로서 또 팬으로서 미야사코 히로유키가 배우로 무대 위에서 빛나는 모습을 너무나 보고 싶었기에 극장을 잡고 스태프를 모은 다음, '미야사코 씨 주연으로 무대를 하기로 결정했습니다'라고 미야사코 씨에게 사후 보고를 드렸다.

그 보고에 몸을 젖히며 깜짝 놀란 미야사코 씨의 반응도 최고였다. 역시 일류 플레이어였다.

미야사코 씨의 무대를 올린 이야기는 본론이 아니니 이쯤 해 두고, 지금부터 'VIP석' 이야기다.

VIP석을 만들지 않는 잔혹성에 대해서는 여태까지 설명했다.

이번 무대도 VIP석을 만들기로 했다.

공연장인 '도쿄키네마구락부'는 2층 첫 줄이 관람하기 제일 좋은 자리라서 그곳을 VIP석으로 결정했다.

스태프에게는 〈테일러 버튼~빼앗긴 비보〉의 정보를 공개하기 전에 온라인 살롱에서 VIP석을 판매하겠다고 알렸다.

정보가 공개되기 전이라 '킹콩 니시노가 2023년 7월에 올리는 "재미있는 이벤트"의 VIP석'이라고 홍보했다.

공연장과 일정만 알리고 이벤트 내용은 공개하지 않는다.

그렇게 지시했는데 관계 각처의 확인 작업 등으로 늦어지느라 VIP석 판매는 '정보 공개와 같은 타이밍'에 이루어졌다.

스태프는 '정보 공개 전 VIP석 판매'보다 '정보 공개 후 VIP석 판매'가 얼마나 힘들어지는지 이해하지 못했다.

당신은 어떤가?

VIP석의 상품 설명을 들으면 '가장 잘 보이는 자리' '연출을 맡은 니시노가 같은 층에 얼굴을 내밀지도 몰라' 같은 생각을 하게 된다.

게다가 티켓 가격은 '7만 엔'이다.

이 가격을 듣고 솔직히 어떤 생각이 드나?

뭐, 1백 명에게 물으면 1백 명 다 '비싸'라고 대답할 것이다.

왜 비싸다고 느낄까?

대답은 '기능을 팔았기 때문'이다.

'기능'에는 늘 시장 가격이 있고, 늘 경쟁이 따른다.

정답이 생기는 것이다.

도쿄키네마구락부의 '가장 잘 보이는 자리'는 다른 공연이라면 5천 엔~1만 엔 정도이다.

그 순간, 관람객은 주판알을 튕겨 ""연출을 맡은 니시노가 같은 층에 얼굴을 내밀지도 모르는" 값이 6만 엔~6만 5천 엔'이라는 답을 얻는다.

아무리 생각해도 그건 너무 비싸다.

착각하지 마라.

이래서는 'VIP 타깃 상품'이라 할 수 없다.

이건 '부유층으로부터 적당히 돈을 받아 내기 위한 상품'일 뿐이다.

'기능'이 아니라 '의미'를 팔아라

한편, 정보가 공개되기 전에 온라인 살롱에서 '킹콩 니시노가 2023년 7월에 올리는 "재미있는 이벤트"의 VIP석'으로 판매했다면 VIP 고객이 사는 건 무엇일까?

서비스 내용을 밝히지 않았으므로 적어도 '서비스'는 팔 수 없다.

그들이 산 건 '니시노 응원'이다.

'뭔지는 몰라도 니시노가 또 재미있는 일을 한다면 응원할게' 하고 돈을 낸다.

여기서 판매되는 건 '기능'이 아니라 '의미'이므로 경쟁이 없다.

경쟁이 없으므로 시장 가격이 없다.

7만 엔에 대해 'ㅇㅇ라서 비싸'라는 설명은 생기지 않는다.

정보를 공개해 VIP석의 내용을 밝혀 버린 이상, '이 서비스와 기능은 이 가격이 타당한가?'라는 의문이 관람객들의 머리에서 사라지지 않는다.

살짝 어려운 표현을 쓰자면 '대가를 요구하는 사람'을 만들고 만 것이다.

정보를 공개하기 전에는 존재했단 말이다. '응원이 목적이라 대가는 필요 없다'고 하는 VIP가.

'"의미"를 판매할 기회를 놓치고 "기능"을 판매한 바람에 가격에 의문을 갖게 만들어 마지막에는 다 팔지 못하는' 일이 수없이 많다.

다시 말하지만, '기능'은 돈이 되지 않는다.

당신의 도전에
큰돈을 내는 사람의
생활을 상상하라

크라우드 펀딩에 '킹콩 니시노가 당신을 생각할 권리'라는 종류의 리워드를 1만 엔에 올리면 틀림없이 '신자(信者) 비즈니스를 한다'라는 비판이 "외부에서" 생겨난다.

'그런 걸 1만 엔에 사는 녀석은 세뇌된 게 분명해' '실질적으로 아무것도 안 팔면서 1만 엔을 버네'라고.

이 비판이 얼마나 '돈을 이해하는 사람'의 마음을 모르는 소리인지 이제부터 설명하겠다.

크라우드 펀딩은 '예약 판매 사이트'로 이용되기도 하고 '후원 사이트'로 이용되기도 해서, 어떻게 이용할지는 프로젝트에 따라 다양하다.

편의상 이 두 가지 크라우드 펀딩을 **구입형 크라우드 펀**

딩'과 '**기부형 크라우드 펀딩**'이라고 부르기로 하겠다.

티셔츠 판매를 목적으로 '**구입형 크라우드 펀딩**'을 시작할 때의 리워드 설계는 '3천 엔을 후원하면 "오리지널 티셔츠 × 1장"을 드립니다' '6천 엔을 후원하면 "오리지널 티셔츠 × 2장"을 보내 드립니다'……라는 식으로 '리워드 원가 + 배송비 + 사이트 수수료 + 이익'으로 생각하는 게 일반적이다.

이 경우, 크라우드 펀딩은 앞서 말했듯 '예약 판매 사이트'이므로, 여기서는 '3천 엔 후원자(구매자)에게는 3천 엔어치의 상품을 보내는 것'이 정답이다.

한편 '**기부형 크라우드 펀딩**'의 리워드 설계는 다르다.

여기서 절대 해서는 안 되는 일이 '3천 엔의 후원자에게 3천 엔어치의 상품을 보내는 것'이다.

'기부형 크라우드 펀딩'의 후원자는 자기가 후원한 돈을 프로젝트에 그대로 쓰기를 바란다.

아타미의 토사 붕괴 재해 지원이나 구마모토의 수해 복구, 혹은 제일 좋아하는 아이돌이 꿈에 그리던 부도칸 라이브의 무대 비용 같은.

그런데 말이다.

후원금을 프로젝트에 다 사용하기를 바라고 있건만, '후원해 주셔서 감사합니다' 하고 '오리지널 티셔츠' 따위를 후원자에게 보내는 프로젝트 운영자가 있다.

아타미의 토사 붕괴 재해 지원, 구마모토의 수해 복구, 나아가 좋아하는 아이돌이 꿈에 그리던 부도칸 라이브의 무대 비용에 지원한 3천 엔이 '오리지널 티셔츠 제작비'와 '오리지널 티셔츠 배송비'에 사용되고 **남은 돈**이 아타미의 토사 붕괴 재해 지원과 구마모토 수해 복구, 좋아하는 아이돌이 꿈꾸던 부도칸 라이브 무대비용에 사용되는 셈이다.

도대체 **누가 득을 보는가.**

크라우드 펀딩을 "정확하게" 이해하라

'기부형 크라우드 펀딩'에서 '돈을 들여 리워드를 준비한다'는 게 '후원자의 돈을 낭비하는' 것이나 마찬가지임을 이해하는 게 좋다.

'후원자의 만족도를 끌어내리는' 일임을 이해해야 한다.

'기부형 크라우드 펀딩'의 리워드는 '감사 인사 메일'로도 좋고, '당신을 생각하겠습니다'로도 좋다.

'이 돈은 프로젝트에 사용해 달라'라는 사람이 후원해 준 것이므로 외부인이 참견할 문제가 아니니, 프로젝트 운영자는 외부인의 목소리에 끌려 다녀서는 안 된다.

돈은, 돈을 제대로 쓰지 못하는 사람에게 모이지 않는다.

이유는 돈을 가진 사람일수록 '돈을 맡길 상대'를 신중하게 선택하기 때문이다.

기부형 크라우드 펀딩이라면 '3천 엔을 받았으므로 3천 엔의 상품으로 돌려줘야 해'라고 생각하는, 즉 "지원금을 날려 버릴 인간"에게 돈을 맡기는 짓은 절대 하지 않는다.

돈을 제대로 쓰지 못하는 사람에게 돈을 맡기는 것 역시 돈을 제대로 쓰지 못하는 사람이다. 다시 말해, 돈에 여유가 없는 인간들이다.

그런 사람들만 상대하는 한, 당신에게 여유가 생기지 않고, 당신의 꿈은 끝없이 밀려난다. 이게 세상의 이치이다.

당신은 돈 쓰는 방법을 배우고, 돈을 가진 사람의 성격을 배울 필요가 있다. '부유층이 무엇을 원하는가?'를 알 필요가 있다.

계속해서 크라우드 펀딩 이야기를 하겠다.

크라우드 펀딩에 처음 도전하는 사람은 **높은 확률로 '고액 리워드'로 설계하는 실수를 한다.**

30만 엔의 리워드를 '오리지널 티셔츠 + 오리지널 스티커 + 오리지널 포스트 카드 + 오리지널 DVD + 오리지널……'라는 식으로 리워드 전체를 모은 '풀 패키지'를 만드는 사람이 적지 않다.

당신도 한 번쯤은 본 적 있을 것이다.

상상해 보길 바란다.

크라우드 펀딩으로 30만 엔의 고액 후원을 한 사람은 어떤 사람일까?

그 사람이 물건이 없어 곤란할까?

그 사람은 '오리지널 티셔츠와 오리지널 DVD를 함께 사면 따로 살 때보다 2백 엔 쌉니다'라는 문구에 혹할 사람일까?

아닐 것이다.

그 사람이 고액 후원의 대가로 원하는 것은 '당신을 도왔다'라는 사실이다.

이때 후원을 받은 프로젝트 운영자가 해야 할 일은 '상대가 원하지도 않은 상품을 보내 30만 엔을 날리는 것'이 아니라 '제대로 도움을 받는 일'이다.

'30만 엔의 빚을 만드는 것'이다.

고액 후원자는 그걸 바라고 있다.

'부족한 사람(일반층)'이 원하는 물건과 '부족하지 않은 사람(부유층)'이 원하는 물건의 차이를 알아라.

배가 터질 듯 부를 때 팬케이크를 받은들 기쁘지 않잖은가?

당신은 부유층이 무엇을 원하는가?'를 철저하게 이해할 필요가 있다.

VIP 전략에 대해 쓴 43페이지부터 설명했듯 부유층이 돈을 내지 않는 서비스는 비싸진다.

가격을 낮추려면 부유층을 잡아야 한다.

다만 **부유층이 무엇을 원하는가?'를 모르면 부유층에 팔 상품은 만들지 못한다.**

부유층이 원하는 걸 이해하지 못하는 사람이 저지를 법

한 실수를 하나 더 소개한다.

친구의 디너쇼에 초대받았을 때의 일이다.

나는 그 친구를 응원하려고 '가장 비싼 자리'를 사서 참석했다.

객석에는 원탁이 놓여 있었고 나와 같은 원탁에는 오랜 지인과 현재 일본을 대표하는 기업가와 크리에이터 들이 앉아 있었다.

모두 나와 마찬가지로 친구를 응원하려고 '가장 비싼 자리'를 산 것이다.

"VIP석"이라는 이름이 붙은 자리였다.

그렇다면.

이때 VIP는 무엇에 돈을 지불한 것일까?

그 이유는 '친구의 쇼 응원'과 '오랜만에 재회한 동료와의 대화'일 것이다.

그런데 말이다.

그 "VIP석"은 객석 맨 앞줄에 마련되어 있었다.

'가장 잘 보이는 자리에서 보세요'라는 배려일 것이다.

이게 제일 큰 잘못이다.

맨 앞줄에서는 쇼에 방해가 되므로 '동료와의 대화'를 즐길 수 없다.

여기서 정리해야겠다.

다른 누구보다 많은 돈을 내고 맨 앞줄에서 보고 싶은 사람은 '작품을 사는 사람' '아티스트의 모습을 가까이에서 보고 싶은 사람'인데 그들은 부유층은 아니다.

그들은 '열성팬'이다.

지불한 요금의 내용이 '친구의 쇼 응원'과 '오랜만에 재회한 동료와의 대화'인 사람은 맨 앞줄에 앉혀서는 안 된다.

그들을 안내할 장소는 오히려 가장 뒤여야 한다.

'떠들어도 쇼를 방해하지 않는 장소' 말이다.

큰 스타디움에서 '가장 비싼 자리'는 어디인가?

가장 많은 돈을 낸 관객은 어떤 자리를 살까?

무대가 가장 잘 보이는 자리일까?

아니다. 선수나 출연자로부터 가장 멀리 있는 "프라이빗 관람석"이다.

그곳에서 보는 선수나 출연자들은 콩알만 해서 아마도 그 안에 설치된 모니터로 그들을 볼 것이다.

그들이 산 것은, 스타디움을 만남의 장소로 삼은 친구, 연인과의 '커뮤니케이션'이다.

부유층은 작품이나 스포츠를 '사교장'으로 이용한다.

때로는 공연이 끝난 다음 출연자와의 '만남'을 생각하고 '보러 왔다'는 사실을 만들기 위해 공연장으로 발을 옮긴다.

'보러 왔다'는 사실을 만들려고 공연장에 들른 부유층의 시간을 공연 내용으로 메우면 어찌겠다는 건가?

초 단위로 사는 그들에게는 해야 할 일이 아주 많다.

그런 그들을 맨 앞줄같이 꼼짝도 못 하는 자리에 앉혀서 어쩔 셈인가?

스마트폰을 사용하지 못하는 환경에 던져 놓고 시간을 빼앗아서 어쩔 셈인가?

그게 그들의 만족도로 이어질까?

'열광적인 팬'과 '부유층'을 착각해선 안 된다.

당신의 도전에 큰돈을 내는 사람의 생활을 상상하라.

《번외편》

'탈노동집약형'과 '탈완판사고'

엔터테인먼트를 만드는 데는 돈이 든다.

내 이벤트에 오는 분은 다 아실 텐데 나는 '티켓 매상'이나 '굿즈 매상'으로 채산을 맞추는 스케일의 엔터테인먼트에는 그다지 관심이 없다. 오히려 채산을 생각하지 않고 미술도 조명도 **모조리 최대로** 쏟아붓는, 예를 들어 뮤지컬을 올릴 때는 '티켓과 굿즈가 완판되더라도 1억 엔 적자'인 수준이 일반적인 영업 스타일이다.

그 대신 **부족분을 어디서 만들까?**라는 걸 생각한다.

자금 융통을 고려할 때 '니시노를 가동시킨다'라는 방법이 하나 있다.

'강연회'나 '기업 안건' 등이다.

다만 자금을 마련하려고 니시노를 지나치게 가동시키면 이번에는 더 핵심인 '엔터테인먼트 제작' 시간이 없어지고 만다. 이래서는 본말전도이다.

그러므로 '가능한 니시노를 가동시키지 않고 엔터테인먼트 제작비를 마련한다'라는 문제가 생긴다.

언젠가 당신 눈앞에도 이와 비슷한 문제가 나타날 것이다.

그러면 어떻게 할 것인가?

이제부터가 본론이다.

일단 **'인간의 노동력으로 만들어 낼 수 있는 돈에는 한계가 있다'**라는 기본은 머릿속에 꼭 기억해 둬야 한다.

당신의 하루는 24시간밖에 안 된다. 여기서 수면 시간과 식사 시간을 제외하면 남은 시간은 기껏해야 15~16시간인 셈이다.

자기 노동력에 의존하면 '시급 × 15~16시간'이 하루에 벌 수 있는 돈의 한계다.

당신이 지금 수입에 만족하고 있지 않다면 원인은 두 가지다.

'당신이 제공하는 상품이나 서비스의 가치가 낮다' 혹은 '당신은 몸으로만 일하고 있다' 중 하나이다.

여기서는 후자를 설명하겠다.

예를 들어 개인이 할 수 있는 가장 비싼 쇼핑이라면 제일 먼저 떠오르는 게 '집'이다.

'35년 주택 담보 대출', 최근에는 '40년 대출'도 늘었다.

2021년 신축 맨션을 살 때의 평균 대출금은 수도권이 4941만 엔, 간사이 지역은 4091만 엔이라는데 상당한 금액이다.

그런데 '집'은 왜 비쌀까?

대다수의 사람들은 이 문제와 진지하게 대면하지 않는다.

당신은 어떤가?

집은 재료를 잔뜩 써서 비싼 것도, 목수를 많이 고용해서 비싼 것도 아니다.

집이 비싼 이유는 '집이 돈을 벌지 않기 때문'이다.

당연한 일인데 10억 엔짜리 집이라도 10억 엔을 벌어오지 않는다면 그 집은 12엔 하는 과자 우마이보우보다 싸다.

그런데 집을 지을 때 '어떻게 해야 집이 돈을 벌어다 줄 수 있을까?'를 생각하는 사람은 거의 없다.

'돈을 버는 건 사람'이라는 고정관념에 사로잡혀 '바닥과 벽이 일하게 할 방법은?'이라는 의논을 시작한 사람은 거의 없다.

2022년 말에 효고현 가와니시시에 세운 내 집이다.

나는 도쿄와 가와니시, 두 군데에 거점을 두고 생활하는데 이 집에서 지내며 일도 한다.

「킹콩 니시노의 집(올려다보는 집)」

 이 집을 지을 때 제일 처음 정한 것은 '건축비를 집이 벌게 한다'라는 것이었다.
 그런 점에서 일로 집을 비울 일이 많으므로 비는 날을 '대여 공간'으로 빌려주기로 해 보았다.
 그것만 정해지면 목표는 '대여 공간이 될 요소가 있는 집'을 지으면 된다. '대여 공간의 수요가 있는 집'이 된다.
 그래서 사진에도 나오듯 '3층까지 이어지는 책장'을 만들어 여러 각도에서 사진을 찍을 수 있도록 천장을 트고, 여기저기에 계단을 놓았다.

집을 짓고 나서 '어떻게 집이 일하게 할까?'를 생각한 게 아니라 집을 짓기 전에 '"건축비를 회수하는 집"은 어떨까?'를 생각한다.

모든 걸 '내 노동력에 의존한다'라는 고정관념을 버리지 않으면 시작할 수 없다.

2022년 연말에 지은 「킹콩 니시노의 집」은 내가 집을 비운 오늘도 일하고 있는데 이미 건축비의 '10분의 1'은 회수했다.

'실질적으로는 0원에 지었다'라고 말할 날도 그리 머지않은 것 같다.

탈완판사고

모처럼 「킹콩 니시노의 집」 이야기를 했으니, 그런 김에 매우 중요한 이야기를 하겠다.

제1장의 '부유층'에 관련된 이야기다.

'집이 돈 벌게 한다'고 했는데 러닝 코스트(운영 비용)이 더 커지면 다 소용없는 일이다.

그래서 대여 공간 「킹콩 니시노의 집」을 설계할 때 제일 처음 정한 것은 '인건비는 쓰지 않는다'라는 것이었다.

이 책의 주제이기도 한데, 우리 시대는 옛날처럼 '많이 판다'라는 게 어려워지고 있다.

애당초 왜 많이 팔아야만 하는가?

그것은 '많이 팔지 않으면 채산을 맞출 수 없는 서비스'이기 때문이다.

예를 들어 사람을 한 명 고용하면 '30만 엔'이 든다.

즉, 사람을 하나 고용하면 최소한 '30만 엔 더' 팔아야 한다.

이때 '사람을 한 명 고용해 30만 엔을 더 판다'라는 선택지와 '사람을 고용하지 않는 대신 30만 엔의 추가 매상을 만들지 않는다'라는 선택지가 있다.

「킹콩 니시노의 집」이 선택한 것은 후자이다.

많이 파는 게 어려운 시대라 많이 팔지 않아도 되는 길을 선택한다.

이제부터 조금 더 본격적인 돈 이야기를 하겠다.

애당초 대여 공간을 관리하는 사람의 일은 무엇일까?

요즘 문을 여닫는 일은 원격으로 할 수 있다.

예약 페이지는 기존의 온라인 스토어를 이용했다.

'1월 1일' '1월 2일' '1월 3일'이라는 식으로 365개의 상품을 내놓고, 구매한 사람에게는 잠금장치 비밀번호를 보낼 뿐이다.

건당 10초면 충분하니 사람을 고용할 것까지도 없다.

사람을 고용해야 하는 건 '청소'이러나. 쓰레기 처리는 아무래도 사람의 힘이 필요하니까……라는 생각이 들었는데, 잘 생각해 보면 '쓰레기통'을 놔둬서 쓰레기가 발생하는 거니까 '쓰레기는 각자 가지고 돌아가기'라는 규칙을 세웠다.

이렇게 말하면 개중에는 '귀찮다'라며 떠나는 손님도 있겠으나 그래도 상관없다.

'쓰레기를 직접 가지고 돌아가는 건 귀찮아'라고 말하는 손님을 받자고 사람을 하나 고용한다면 어떻게 될까?

'쓰레기를 직접 가지고 돌아가는 건 귀찮아'라고 말하는 손님을 받자고 「킹콩 니시노의 집」은 한 사람의 급료를 추가로 만들어 내야만 한다.

많이 팔아야만 한다.

그렇게 하면 판매 원가도 추가로 들 것이다.

이런 경우는 '쓰레기를 직접 가지고 돌아가는 건 귀찮아'라고 말하는 손님을 버리는 게 정답이다.

매상을 버리고 이익을 얻는 편이 낫다.

이런 문제에 하나씩 대면해 지금 「킹콩 니시노의 집」의 운영 비용은 세콤과 원격 잠금장치 이용료 정도이다.

월에 1만 엔도 들지 않는다.

「킹콩 니시노의 집」의 이용료는 하루에 5만 2천 엔이므로 한 달에 한 번이라도 예약이 들어오면 흑자다.

이것을 성립시키기 위해 필요한 것은 철저한 '고객 선별'

로, '받는 데 상품을 많이 팔아야 하고, 비용이 많이 드는 손님'은 받지 않으려 하고 있다.

이제까지 당연하게 생각했던 '내 몸으로 일한다' '많이 판다'가, 우리를 괴롭히고 있던 것이다.

많이 팔 수 없는 현대를 사는 우리의 한 가지 생존 전략으로 '자기 이외의 무언가를 일하게 한다' '많이 팔지 않아도 되는 비즈니스 모델을 구축한다'라는 '탈노동집약형' '탈완판사고'는 머리에 넣어 두는 것이 좋다.

제2장

커뮤니티

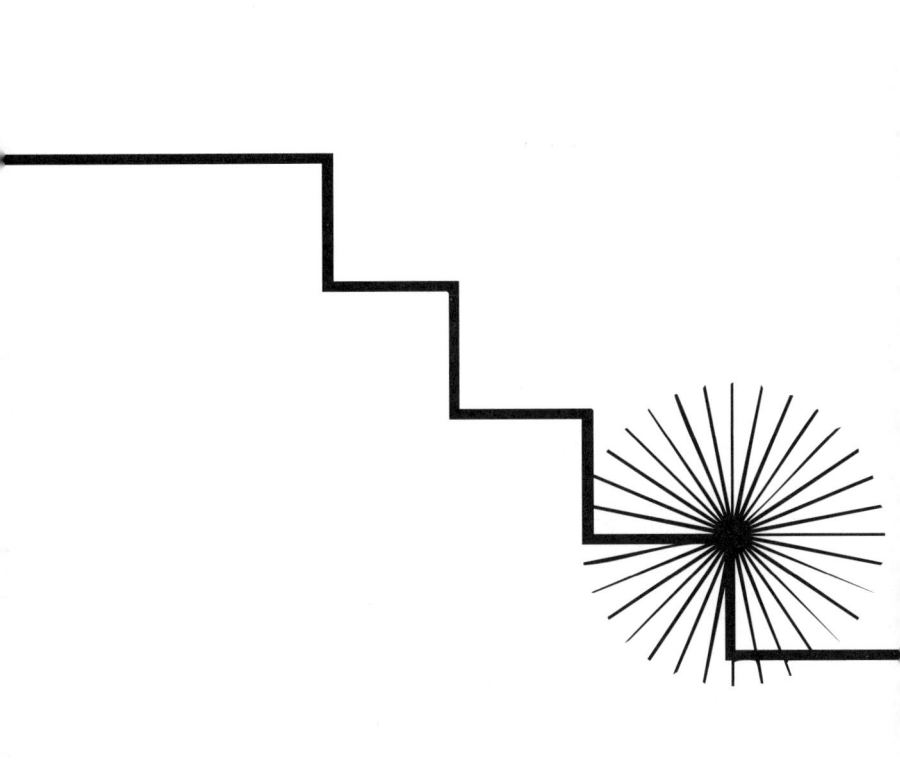

'기능'이 돈이 안 된다는
사실을 받아들여라

이제까지의 이야기를 대충 정리하면 이렇다.

- 돈에 대한 지식은 생명과 관계가 있으므로 제대로 공부하자
- 부자 타깃의 상품을 가지고 있다면 약한 사람에게도 너그러울 수 있다
- 프리미엄과 럭셔리의 차이를 이해하자

덧붙이자면 '"기능"을 추구하면 "프리미엄"은 가능하나 "럭셔리"는 불가능하다'라는 점이다.

부자의 생태계(부유층이 무엇을 원할까?)는 이 책의 후반부인 제3장의 NFT에서도 나올 테니까 일단 여기서 끝내기로 하고, 이제부터는 **'부자가 아닌 사람에게 내 상품을 비싸**

게 팔려면 어떻게 해야 할까?'를 이야기하겠다.

이 또한 당신이 꿈을 계속 좇기 위해서 확실하게 얻어야 하는 '기술'이다.

왜냐하면 우리 주위에는 '부자가 아닌 사람'이 대부분이니까.

부자가 아닌 사람에게 내 상품을 비싸게 팔려면 어떻게 해야 할까?

미래를 예측하는 일은 불가능하나 딱 하나 확실하게 알 수 있는 미래가 있다.

'인구'다.

인구는 출생 수 이상이 될 수는 없다.

2022년 일본의 출생자 수는 80만 명을 밑돌고 말았다.

2012년과 비교하면 약 26만 명이나 줄었다.

국립 사회보장 인구문제 연구소는 2017년에 '일본의 출생자 수가 80만 명을 밑돌게 되는 해는 2030년!'이라고 산출했는데 완전히 틀렸다.

일본의 저출산은 예상을 웃도는 속도로 진행되고 있다.

엄밀히 따지면 어머니가 될 사람이 줄어드는 '가임 여성 감소'이다.

국립 사회보장 인구문제 연구소조차 "출생자 수의" 예측을 틀릴 정도니까 아마추어인 우리는 예측을 바탕으로 움직일 게 아니라 눈앞에 있는 확실한 데이터를 대면하는 게 좋다.

어쨌든 울거나 말거나 일본의 인구는 줄어들고 있다.

20년 후, 스무 살인 일본인이 80만 명 이상이 되는 일은 확실히 없을 것이다.

일본인을 상대로 장사하는 사람에게는 '고객이 급감하고 있다'라는 위기 상황이다.

우리는 '많이 팔 수 없는 시대'에 살고 있다.

그런 시대에 전과 같은 가격대로는 헤쳐 나갈 수가 없다.

우리는 '지금, 150엔에 파는 "주먹밥"을 300엔에 파는 기술'을 익혀야 한다.

그중 하나가 앞서 설명한 '벤츠'처럼 **'브랜드에 의미를 붙이는' 접근 방식**일 것이다.

브랜드가 되면 같은 기능이라도 비싸게 팔 수 있다.

그렇다고 해서 이 사람이나 저 사람이나 다 브랜드를 만들 수 있는 건 아니다.

브랜드 시장은 최고의 크리에이터와 대형 광고사의 소굴이다.

목표로 삼는 건 자유지만, 몸뚱이 하나로 뛰어든 당신에게 자리를 양보할 만큼 그들은 만만하지 않다.

그렇다면 반드시 생각해야 할 점은 **'브랜드가 되지 못한**

사람이 부자가 아닌 사람에게 이전보다 조금이라도 더 비싸게 상품을 팔려면 어떻게 해야 할까?'이다.

걱정하지 마라. 답은 있다.

그 답을 얻으려면 먼저 '현재 상황'을 제대로 파악할 필요가 있다.

'새삼스러운' 말일 수도 있는데 **'인터넷 혹은 SNS에 의해 우리 세계에서는 무엇이 어떻게 변했나?'를 알 필요가 있다.**

결론부터 말하자면, 인터넷에 의해 정보가 모두의 것이 되었다.

옛날에는 모르는 게 생기면 박식한 아저씨에게 물어보러 가야 했는데, 지금은 구글이나 트위터로 어느 정도는 정보를 이끌어 낼 수 있다.

나아가 더 정확한 정보를 얻고 싶으면 AI에 물으면 된다.

정보가 모두의 것이 되었고, '정보를 묶는 기술'도 모두의 것이 되었다. '요리 레시피'가 그렇다.

인터넷이 생기기 이전, 정보가 적었던 시대에는 거리에 '맛없는 라멘 가게'가 널려 있었는데 지금은 어딜 찾아봐도 없다.

'어느 가게나 대체로 맛있다'는 게 요즘 상황이다.

그리고 하나 더.

인터넷 시대 이전에는 '비싸게 파는 가전제품 판매점'이 흔히 있었다.

가전을 샀을 때 '아! 저쪽 가게에서는 1천 엔 쌌는데!' 하고 후회하는 목소리가 여기저기서 나왔던 것이다.

당시는 '신문에 끼어들어 오는 전단지' 외에는 이렇다 할 정보가 없었기 때문이다.

그러나 지금은 '저기서 살 걸 그랬다'라고 후회할 일은 거의 없다. 그도 그럴 것이 당신이 가전제품 판매점에서 살 때 미리 아마존이나 라쿠텐에서 '가격'을 조사하잖은가?

이렇듯, 고객이 '가격 조회'가 가능해져서 지금은 '어느 가게나 대체로 비슷'한 세상이다.

옛날에는 '맛없는 가게'가 있어서 '맛있는 가게'가 되는 것으로 손님을 모을 수 있었다.

옛날에는 '비싼 가게'가 있어서 '싼 가게'가 되는 것으로 손님을 모을 수 있었다.

그에 반해 요즘 대다수 서비스 제공자는 '맛있는 가게'밖에 없음에도 '맛있는 가게'가 되는 것으로 손님을 모으려 하고 있다.

아무리 '맛'을 추구해도 '97점'이냐 '98점'이냐의 경쟁이라, 경쟁자끼리의 기술 차이는 거의 없다.

기술의 차이가 없다는 말은 기술로 승부를 보기로 한 이상 가격의 차이도 생기지 않는다는 소리다.

즉, 이 이상 '맛있는 라멘'을 만들어도 비싸게 팔 수 없다.

아까 배웠잖은가?

'프리미엄'의 가격을 결정하는 것은 '고객'이고, 고객이 결정한 가격에는 '이유'가 필요하다.

'60점'의 라멘을 '80점'으로 올리면 '+2백 엔'이 될 수 있을지 몰라도, '97점'의 라멘을 '98점'으로 올렸다고 해서 '+1백 엔'이 되지는 않는다.

그런데도 일본인은 여전히 '기술'을 추구한다.

솔직히 말하면 '돈이 안 되는 노력'을 계속하고 있다.

'더 맛있는 라멘을 만들면 밝은 미래가 열린다'라고 믿고 있다.

분명히 작년보다 '맛있는 라멘'을 제공하게 되었음에도 가격을 올리면 손님이 떨어지니 가격을 올릴 수 없다.

덕분에 일하고 또 일해도 생활이 조금도 나아지지 않는다.

우리가 앓고 있는 병의 정체는 이것이다.

그리고 이야기는 지금부터 시작이다.

역사적 대패에서 배우는
'하이 스펙'과 '오버 스펙'

　일로 다양한 나라의 사람들과 함께 일할 기회가 많았는데 일본인만큼 '장인 정신'이 강한 사람이 많은 공동체를 경험한 바 없다.
　게다가 아주 세부적인 부분까지 끝까지 집착하는 '탐구심'과 '강인함'도 탑재하고 있다.
　'요리'든, '체급별 스포츠'든 세계와 비슷한 규격을 갖췄을 때 일본인은 늘 세계 최고가 된다.
　뮤지컬도 마찬가지다.
　취향과 별개로 '춤의 완성도'만 보면 본고장인 브로드웨이보다 극단 사계(四季)가 더 낫다.
　자세히 살펴보면 일본인의 '장인 정신'에도 뿌리가 있을 것이다.

무엇보다 **퀄리티에 집착하는 일본인의 이 장인 정신이 지금, 일본인을 고통스럽게 하고 있다.**

왜일까?

당신이 계속 '꿈'을 이루려면 '돈'이 필요하다.

좀 더 깊게 이야기하자면 '돈'과 '시간'이 필요하다.

그런데 당신이 조달할 '돈'과 '시간'에는 한계가 있다.

이 점을 고려하면 **핵심은 '내 자원인 돈과 시간을 어떻게 분배할까?'**이다.

당신의 인생은 이 '자원 분배'로 결정된다.

'자원 분배'를 잘하는 사람이 승리하고, '자원 분배'를 생각하지 않는 사람이 패배한다.

그 이상도 그 이하도 아니다.

이게 현실이다.

'하이 스펙'과 '오버 스펙'의 차이를 설명할 수 있는가

핵심은 '대가가 생기는 곳에 당신의 자원을 올바르게 투자하는 것'이다.

앞선 이야기를 예로 들자면 '60점'짜리 라멘을 '80점'짜리로 만드는 작업에는 자원을 투자하는 게 좋다.

라멘의 가격이 '2백 엔'이나 오르기 때문이다.

말하자면 이는 '결실이 있는 노력'이다.

다만 '97점'짜리 라멘을 '98점'짜리로 하는 작업에 당신의 한정된 자원을 투자해서는 안 된다.

그 플러스 1점에 '1천만 엔'이나 '1년'을 허비해도 고객은 '97점'과 '98점'의 차이를 모른다.

장인에게는 잔혹한 통보가 되겠지만, 고객의 판단으로는 '97점'도 '98점'도 '둘 다 맛있다'라는 결과가 된다.

거기에는 '1점 단위의 점수'는 없다.

모든 상인과 장인이 상대해야 하는 대다수 일반인은 '고차원 대결의 미묘한 차이'를 알 만한 혀를 지니고 있지 않다.

그렇기에 체조나 피겨 스케이트에는 '프로 심사위원'이 존재하는 것이다.

틀리면 끝이다.

장사의 세계에 '프로 심사위원'은 존재하지 않는다.

당신의 상품을 평가하는 것은 '고차원 대결의 미묘한 차이'를 모르는 고객이다.

게다가 당신이 파악해 두어야만 하는 것은 고객의 '만족 최저선'이다.

라멘의 '만족 라인'을 가령 '85점'이라고 하자.

고객의 위장은 '85점'이면 충분하므로 그 이상의 판단은 불가능하다.

중요하니까 더 말하는데 97점짜리 라멘도 98점짜리 라멘도 '둘 다 맛있다'라고 판단한다.

장인은 늘 '하이 스펙'을 추구한다.

그것은 아주 훌륭한 일이고, 그렇기에 장인이다.

이 글에서 장인의 노력을 부정할 의도는 1밀리미터도 없다.

내 팀 역시 어제보다 11밀리미터라도 나은 것을 추구하고 있다.

다만 이건 알아 두어야 한다.

고객의 '만족 최저선'을 넘기고도 여전히 높은 수준을 목표로 하면서 얻은 '더 이상 고객이 판단할 수 없는 기술(맛)'을 '하이 스펙'이라고는 부르지 않는다는 것을.

만족 최저선을 넘은 기술(퍼포먼스)의 이름은 '오버 스펙'이라고 부른다.

'오버 스펙'은 자기만족이며 고객의 만족도에 포함되지 않는다.

이미 완전히 고객의 '만족 최저선'을 넘었는데 장인은(일본인은) 자신의 한정된 자원을 '고객이 판단할 수 없는 기술(맛)의 향상'에 투자하고 만다.

왜 이런 일이 일어나고 마는 걸까?

장인에 대한 '세뇌'

 가까운 시기에 일본 장인이 겪은 역사적인 큰 패배라고 하면 '휴대 전화'일 것이다.
 당시 여러 제조사가 다양한 휴대 전화를 내놓으며 군웅할거의 양상을 보였다.
 피처폰의 쇠퇴기 일본 휴대 전화 제조사들이 어떤 경쟁을 벌였는지 기억하나? 세대에 따라서는 모르는 아이도 있을 것이다.
 '가벼움'을 경쟁했다.
 '우리의 새 기종은 ○○그램' '아니, 절대 질 수 없죠! 우리 회사의 새 기종은 ○○그램' 이렇게 1그램이라도 낮추려는 싸움을 벌였다.
 이쯤에서, 당시 젊은이였던 아버지와 어머니께 묻고 싶다.
 제조사들이 땀 흘렸던 '1그램을 줄이는 싸움(경량화 대전)'은 아무래도 상관없었나요?
 그도 그럴 게, 300그램 정도 되는 '치렁치렁한 고양이 꼬리 스트랩' 같은 걸 달고 다녔잖나.
 '달랑거리는 히비스커스 꽃'을 다는 사람도 있고, 홋카이도의 마스코트인 마리못코리를 달도 다니는 사람도 있고, 휴대 전화 표면에 스와로브스키를 붙여 꾸미는 사람도 엄청나게 생겨났다. 그런 거, 무겁잖아.

'휴대 전화는 어느 정도 가볍기만 하면 그만이지'라는 게 소비자의 '만족 최저선'이었다.

그럼에도 새 기종이 나올 때마다 '컴팩트함', '가벼움'을 내세운 제조사들. 그리고 그런 것을 추구한 장인들.

왜 이런 미스 매치가 일어났나?

이는 휴대 전화 변천의 역사를 보면 이해할 수 있다.

휴대 전화는 무거웠다

휴대 전화의 기원은 1985년에 나온 '숄더폰'이다.

이름 그대로 당시의 휴대 전화에는 '어깨끈'이 달려 있었다. 즉, 어깨끈이 필요할 정도로 크고 무거웠다.

농약 살포 기기를 연상해도 된다. 거의 비슷하다.

그래도 당시에는 그것이 최신 기술이라 '전화를 밖에 들고 다닐 수 있다니!'라며 다들 놀랐다.

그러다가 1989년에 모토로라에서 'HP-501'이라는 이름으로 발매한 '마이크로택'이 휴대 전화의 흐름을 크게 바꿔 놓았다.

이 무렵 휴대 전화의 캐치프레이즈는 이랬다.

"착신은 주머니로 오는 전화"

'휴대 전화가 주머니에 있다'라는 점이 휴대 전화의 최대

세일즈 포인트였던 것이다.

'마이크로택'을 계기로 '소형 경량화 경쟁'이 시작되었다. 원래 "무거워서 가지고 다니기 힘들다'에서 시작했던 것이니 가벼워질수록 고객은 좋아했고, 그래서 잘 팔렸다.

가벼워질수록 좋아하니까 이윽고 장인들은 '가벼울수록 좋다'라고 세뇌당하고 만다.

이 세뇌가 문제다.

이런 종류의 '세뇌'는 휴대 전화 시장에서만 일어나는 문제가 아니다.

엔터테인먼트 업계에서도 당연하다는 듯 일어나고 있다.

예를 들어 프로 댄서도 마찬가지다.

그들은 전혀 춤추지 못하는 상태에서 시작해 수많은 연습을 거쳐 조금씩 잘 추게 되었고, 조금씩 잘 추게 되면서 관객을 즐겁게 한다.

'더 즐겁게 해 주자'라고 생각하며 더욱 더 연습을 하고, 더더욱 실력이 향상된 모습을 관객에게 보여 줘서 이전보다 더 더 더 즐겁게 해 줄 수 있다.

그런 식으로 '댄스 기술'과 '관객 만족도', '관객 동원력'이 비례 관계에 있다 보니 '더욱 기술을, 더욱 기술을'이라며 댄서는 연습에 매진한다.

그런데 일정한 선을 넘으면 고객은 '밀리미터 단위의 능숙함 or 미숙함'을 판단하지 못한다.

그러나 그쯤 되면 댄서는 이미 '댄스가 능숙해지면 관객들을 기쁘게 할 수 있다(관객 동원으로 이어진다)'라고 세뇌되어 있어서, 계속해서 '기술 향상'에 자신의 자원을 쏟아붓고 만다.

엔터테인먼트 세계는 이런 점이 현저해서, 절대 '기술순'으로 인기 랭킹이 정해지지 않는다.

엔터테인먼트의 무대 뒤에서는 때때로 기술이 뛰어난 출연자가 '나보다도 기술이 떨어지는데 인기가 많은 출연자'에게 쓴소리를 하는 장면이 보이는데, 그것은 패배다.

엔터테인먼트는 '프로 심사위원의 품평회'가 아니며 '코어 팬의 오프라인 모임'도 아니다.

엔터테인먼트의 상대는 '관객'이다.

관객의 '만족 라인'에 도달한 기술이란, 어디까지나 '출연 보장'이며 출연자의 승패는 이후에 시작되는 '부가가치 대전'이다.

이야기를 처음으로 돌려보자.

일본의 휴대 전화 제조사들은 고객의 '만족 라인'을 넘긴 뒤에도 기술 경쟁을 계속했다.

이 역시 '기술'을 추구하는 것이 특기인 일본 장인만의 함정일지도 모른다.

이후, 오버 스펙에 자원을 계속 투자하는 일본의 모든 휴대 전화 제조사를, 전혀 가볍지 않은 'iPhone'이 단 한 기종으로 제쳤다.

'다른 가치', 즉 다른 구매 이유를 제안한 외국 기업에 일본은 대패하고 말았다.

'맛'과 '편리함', '퍼포먼스'를 추구하는 건 훌륭하다.

만드는 사람은 항상 그래야 한다.

다만 동시에 **'오버 스펙'이 장인의 집념이나 자기만족이며 사회적 낭비가 될 가능성을 다분히 품고 있음**을 알아 두는 것이 좋다.

그게 '돈'이 되지 않음을 알아야 한다.

2023년.

이미 모든 서비스는 '만족 라인'을 넘어섰다.

내 상품을 비싸게 팔려면 '기술 이외의 무언가'를 제공할 필요가 있다.

답은 어디에 있을까?

'기능 검색'에서
'사람 검색'으로

내 상품을 비싸게 팔려면 일단은 내 상품에 높은 가격을 붙이지 못하는 구조를 아는 것이 중요하다.

이런저런 사정으로 '앞으로의 시대는 "기능"에는 가격을 붙이기 어려워진다구요'라는 말씀을 드리긴 했는데, 그렇다면 우리는 **'기능' 이외의 무엇을 파는 게 좋을까?**

이 문제에는 정확한 답이 있다.

'기능(라멘 가게라면 "맛")'으로 차별화할 수 없는 시대의 고객은 도대체 무엇을 기준으로 상품을 선택할까.

그 대답의 한 가지가, '사람'이다.

'어떤 상품을 사도 "기능"은 대체로 비슷한' 시대에서는 어떤 상품을 사도 기능은 대체로 같으므로 '누구한테서 살까?'라는 기준이 힘을 갖는다.

이제까지 '기능 검색'이었던 것이, '사람 검색'이 되는 것이다.

'라멘 가게 A'보다, '라멘 가게 B'보다, '라멘 가게 C'보다도 '늘 신세를 지는 야마다 씨의 라멘 가게'가 선택받게 된다.

당신이 소비자라면 그러지 않겠나?

'맛'도 '가격'도 대체로 같다면 '어차피 돈을 쓰는 거라면 친분이 있는 야마다 씨의 가게에 돈을 써서 야마다 씨를 응원하자'라고 생각할 터다.

【사람 검색】의 세계에서는 '구매'와 '후원'의 경계가 애매해지고, 모든 서비스가 '크라우드 펀딩'이나 '팬 이벤트'처럼 된다. 즉, **상품을 사는 이유에 '응원'이라는 항목이 들어가는 것이다.**

이것은 내 **억측이나 가설**이 아니다. 여기에 쓰고 있는 것은 **결과**다.

나는 「니시노 아키히로 엔터테인먼트 연구소」라는 수만 명 단위의 커뮤니티을 운영하며 수만 명의 살롱 멤버의 행동 패턴을 어느 정도 파악하고 있는데, 살롱 멤버들은 같은 멤버의 가게를 자주 선택한다.

'기능에는 차이가 없는 와중에, 어차피 돈을 써야 한다면 나와 비슷한 걸 좋아하는 살롱 멤버의 가게에서 돈을 쓰자'라는 생각으로.

그리고 그들은 영업시간이 아닌 오프 타임에도 자주 연

락해 풋살이나 바비큐를 기획하고, 때로는 '축제'를 기획하며 그 과정에서 유대감을 다짐으로써 '사람 검색'을 가속하고 서로 응원하는 관계로 발전해 관계를 만들어 서로의 서비스 기반을 다진다. 실로 합리적이다.

'기능'을 팔지 않아도 고객을 모으는 데 성공한 살롱 멤버가 적지 않다.

중요한 것은 '라멘 가게 A'나 '라멘 가게 B', '라멘 가게 C'가 되는 게 아니라 '야마다 씨(가명)의 라멘 가게'가 되는 것이다.

'사람 검색'에 걸려야 하는 것이다.

'야마다 씨의 라멘 가게'가 가격을 내리지 않아도 되는 이유

경합이 늘어나면 가격 인하 경쟁이 시작되는 게 장사의 이치다.

어느 가게나 '1그릇 = 7백 엔'에 라멘을 제공하면, 어느 순간에는 '가게 A'는 650엔으로 가격을 내리며 승부를 걸어온다.

견디다 못한 '가게 B'도 650엔으로 가격을 내리고, '가게 C'도 그 뒤를 잇는다.

그 시점에 라멘 한 그릇의 시장 가격은 650엔이 되지만, '야마다 씨의 라멘 가게'만은 가격을 내릴 필요가 없다.

이유는 '야마다 씨의 라멘 가게'가 '가격'으로 선택받는 게 아니라 '사람'으로 선택받기 때문이다.

야마다 씨 응원의 일환으로 야마다 씨의 라멘이 선택되었기 때문이다.

야마다 씨의 가게를 찾는 손님은 야마다 씨의 '팬'이고 야마다 씨의 라멘은 야마다 씨의 '팬 굿즈'이라고 할 수 있다.

자, 이 타이밍에서 당신은 '팬 심리'를 배울 필요가 있다.

예를 들어 당신이 '킹콩'의 팬이고 킹콩의 라이브 무대에 갔다고 치자.

거기에서 파는 라이브 타월의 원가는 1천 엔인데 판매 가격은 3천 엔이다. 1장 팔면 2천 엔의 수익이 생긴다.

그 돈은 오늘 참가한 라이브의 미술과 조명 비용, 혹은 스태프 도시락 비용으로 쓰일 것이다.

그 정도쯤은 팬인 당신은 다 안다.

그런 와중에 니시노가 뚜벅뚜벅 다가와서 '팬 여러분을 위해 원가 1천 엔 하는 라이브 타월을 출혈 대서비스로 1백 엔에 판매하겠습니다'라고 말할 때, 당신은 순순히 기뻐할 수 있는가?

타월이 팔리면 팔릴수록 팀 킹콩의 적자가 계속 늘어나 미술과 조명이 형편없어지고 스태프의 도시락도 중단될 것이다.

그런 사실을 알고도 당신은 원가 1천 엔짜리 타월을 1백 엔에 사려고 할까?

　틀림없이 당신은 '아뇨아뇨, 3천 엔을 내게 해 주세요. 그 대신 이익만큼 오늘 라이브를 최고로 만들어 주세요'라고 할 것이다.

　그거다.

팬은 '싸게 사려는 사람'이 아니다.

팬은 '응원하고 싶은 사람'이다.

　응원하는 대상이 힘들기를, 그들은 1밀리미터도 바라지 않는다.

　'야마다 씨의 라멘 가게'의 팬은 야마다 씨의 라멘을 650엔에 먹으면 야마다 씨의 생활이 힘들어진다는 생각까지 한다. 즉, 야마다 씨의 팬은 야마다 씨의 라멘 가격 인하를 허락하지 않는다.

　'7백 엔까지는 괜찮으니까, 생활을 안정시켜 내일도 맛있는 라멘을 만들어 주세요"라고 말할 것이다.

　가격 인하가 멈추지 않는 것은 '기능'을 팔고 있는 다른 라멘 가게다.

　경합이 '1그릇 = 650엔'이 된 걸 보고, '가게 A'가 630엔으로 하면 '가게 B'도 '가게 C'도 630엔으로 할 것이다.

　'사람 검색'에 걸린 '야마다 씨의 라멘 가게'만은 7백 엔에서 가격을 내릴 필요가 없다.

　그 가격에는 '야마다 씨를 응원하는 값'이 포함되어 있기 때문이다.

'기능'을 파는 이상 박리다매 게임에서 벗어날 수 없다.

그렇게 되면, 일하고 또 일해도 생활은 편해지지 않는다.

당신이 팔아야 하는 건 '기능'이 아니다. '의미'다.

'당신을 응원하는 값'이 당신 상품에 포함되는 상태를 유지하는 게 중요하다.

당신의 상품을 비싸게 팔고 싶다면 '팬 심리'를 배워라.

'응원'이 어디서 생기는지 과학적으로 생각해라.

'올바른 서비스'보다
'마음을 훔치는 서비스'로

우리 팀 CHIMNEY TOWN의 이야기를 잠시 하자면⋯⋯. 현재 "YS-11*"을 로비에 전시하는 "1동 대여 호텔" 계획을 추진하고 있다.

참고로 기체는 야후 옥션에서 구입했다.

기기체를 일시 해체 & 운송하는 단계에서 기체를 맡아주던 스리랑카의 경제가 무너지는 등 여러 가지 트러블을 겪으면서도 스태프 모두 주눅 들지 않고 힘내고 있다.

"숲의 비행기 호텔"이라는 이름을 붙인 호텔은 "1동 대여 호텔"이라서 타깃은 부유층인데, 효고현 가와니시시의 가난뱅이인 나는 어른이 될 때까지 '부유층'을 만난 적 없다.

부유층의 생태계를 모른 채 앞뒤 안 살피고 부유층을 겨

---

* 제2차 세계 대전 후 처음으로 일본 제조사가 개발한 여객기

냥한 서비스를 전개해 봤자 그대로 콰당 쓰러져 산산이 부서질 게 뻔하다.

"숲의 비행기 호텔" 이미지 스케치와 완성 이미지

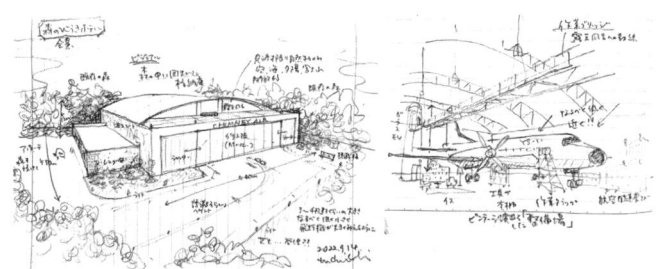

협력 : 다다이시 가이호

부유층 타깃의 서비스를 만들려면 부유층이 늘 이용하는 서비스를 알 필요가 있다.

그런 이유로, 저렴한 숙소부터 초고급 호텔까지 국내외의 호텔들을 돌아다니며 묵어 봤는데, 거기서 본 것은 '숙박 요금이 높은 고급 숙소일수록 "기능"과 "가격"이 상관없다'는 현실이었다.

'점점 가격에 기능이 비례하지 않았다'라고 말하는 게 더 이해하기 편하려나.

예를 들어 1박 5천 엔인 숙소와 1박 1만 엔인 숙소의 '기능'은 분명히 다르다.

5천 엔인 숙소는 '화장실을 다른 손님과 공동'이기도 하지만, 역시 1만 엔이 되면 방에 화장실이 딸려 있다.

1박 1만 엔인 숙소와 1박 2만 엔인 숙소의 '기능'도 다르다.

1만 엔 숙소는 유닛 바스인데 2만 엔 숙소는 '욕실'과 '화장실'이 따로 있다.

처음에는 '가격'에 맞춰 '기능'도 올라가는데 웬걸, '1박 5만 엔인 숙소와 1박 10만 엔인 숙소의 차이'를 찾는 건 어렵다.

둘 다 당연히 '욕실'과 '화장실'은 따로 있고 둘 다 침대도 푹신하고 둘 다 어메니티도 충실하다.

가격이 두 배가 되었다고 해서 방의 넓이가 두 배가 되는 것도 아니고, 드라이어의 파워가 두 배가 되는 것도 아니다.

그도 그럴 것이다.

침대의 푹신함에도 한계라는 게 있고 방 면적에도 한계가 있다.

이 이상 '기능'을 올릴 수 없다.

그리고 여기서 가격이 더 올라가면 '기능 차이'는 더욱 알기 어려워진다.

남는 건 '쾌적함', '편안함'이라는, 눈에 보이지 않는 '감정 부분'이다.

초고급 호텔은 이 '감정 부분'에서 다른 것과의 차이를 드러내며 가격을 받아들이게 한다. 여기서도 **역시 '기능'이 아니라 '의미'이다.**

'올바름'에 매달리지 마라. 마음을 훔쳐라

그러던 중, 무척 공부가 되었던 게 있어서 공유하겠다.

초고급 호텔의 정체를 아는 데는 하루로는 부족할 듯해 나는 사흘 정도 예약해 보았다. 뭐, 공부하는 값으로.

첫날.

방으로 안내되어 바로 업무를 시작하려 했는데 스마트폰 충전기를 집에 놓고 왔음을 깨달았다.

하룻밤 정도라면 그냥 버틸 수 있는데 앞으로 사흘이나 신세를 져야 한다.

이래서는 업무를 볼 수 없다.

나는 크게 한숨을 내쉬고 근처 휴대 전화 판매점을 검색했다.

어차피 충전기는 금방 수명이 다할 테니 여분으로 사 두려고 했다.

그런데 휴대 전화 판매점은 걷기에는 너무 멀고 택시를 타기에는 멀지 않은 위치에 있었다.

이래서는 택시비가 아까웠고, 게다가 이런 일로 택시를 탄다면 '충전기를 놓고 왔다'라는 실수가 두드러져 보이니, 진건가?.

스마트폰을 닫고 다시 커다란 한숨을 내쉰 다음, '호텔 프런트에 말하면 빌려줄지도 몰라'라고 생각한 니시노는 바로 프런트에 연락해 '스마트폰 충전기를 놓고 와서 곤란해요. 빌릴 수 있을까요?'라고 부탁해 보았다.

그로부터 불과 1~2분 만에 충전기를 가져다주었고, 기뻐서 펄쩍 뛴 니시노는 '고맙습니다! 덕분에 살았어요!'라고 호텔 직원에게 여러 번 고개를 숙였다.

덕분에 사흘 동안 실로 쾌적하게 지낼 수 있었다.

자. 이건 '충전기를 놓고 온 고객을 위한 여분의 충전기를 준비한 호텔이라니, 대단하네!'라는 이야기가 아니다.

내가 관심을 가진 점은 '내가 스마트폰 충전기를 놓고 온 고객 1호가 아니었다'라는 점이다.

과거 수백 명, 수천 명의 고객이 스마트폰 충전기를 안 가져왔고 또 나처럼 프런트에 문의했을 것이다.

그렇다면 처음부터 방에 여분의 충전기를 놓아두면 되지 않을까?

실제로 방에 여분의 충전기가 놓여 있는 비즈니스호텔도 적지 않다.

'배려가 와닿는 서비스(올바른 서비스)'는 분명히 그쪽이다.

하지만 어떤가.

내가 스마트폰 충전기를 집에 놓고 왔다는 사실을 깨달은 그 순간.

방에 여분의 충전기가 마련돼 있었다면 나는 한숨을 내쉴 일도 없이, 감정의 동요도 없이 그대로 사흘을 지냈을 것이다.

호텔 직원과 대화할 일이 없다면 호텔 직원에게 도움을 받고 고마워할 일도 없다.

그때, 나는 한번 골짜기로 떨어졌다.

그 자리에 호텔 직원이 홀연히 나타나 구원의 손길을 내밀어 나를 골짜기에서 끌어 올려 준 것이다.

애당초 '골짜기'가 없었다면 내가 골짜기에 떨어질 일도 없었겠으나 어쨌든 내 눈에는 호텔 직원이 히어로처럼 보였다.

'이 사람, 이 호텔에게 어떤 형태로든 고마움을 표하고 싶다'라고 생각했다.

그것은 '사랑'에 가까운 감정이다.

'불편한 게 없는 올바른 서비스'와 '불편한 게 있으나 마음을 훔치는 서비스'.

보다 높은 가격이 붙는 건 어느 쪽인가?

'사랑'을 설계한다

이 호텔 이야기를 했을 때 고급 호텔 덕후인 내 매니저가 '실은 저도……'라며 이런 이야기를 들려주었다.

그녀가 해외 고급 호텔에 묵었을 때였다.

절대 싸지 않은 호텔이라 사흘만 묵기로 정했는데 마지막 사흘째 일이다. 결코 싸지 않은 호텔이라 '이 호텔에 묵는 건 사흘만'이라고 정했던 사흘째의 일이다.

방에 열쇠를 두고 나와 문을 열 수 없게 되었다.

어쩔 수 없이 프런트까지 가서 여벌 키를 달라고 하자, '본인 확인'이 필요하다고 했다.

그녀는 여권을 보여 주고 무사히 여벌 키를 받아 방에 돌아올 수 있었다.

그날 밤.

방의 벨이 울려 나가 보니 '하루 늦어 죄송합니다. 생일

축하드립니다!'라며 호텔 직원이 조그만 생일 케이크를 들고 있었다고 한다.

정말로 어제는 그녀의 생일이었는데 어떻게 어제가 생일이었는지 알았지?

생각할 수 있는 건 하나.

프런트에서 여권을 냈던 그때다.

그때 '생일'임을 깨달은 직원이 바로 케이크를 사러 달려갔을 것이다.

고급 호텔 입장에선 기껏해야 1500엔 정도의 케이크였다.

그래도 그 마음이 기뻤던 매니저는 '아! 정말 좋아!!'라는 마음이 들어 그 자리에서 하룻밤을 더 묵기로 했다고 한다(웃음).

'새우로 도미를 낚는다'를 그림으로 그린 듯한 이야기인데, 여기에서 부유층을 붙드는 것은 '올바른 서비스'가 아니라 '마음을 훔치는 서비스'이다.

당신의 상품을 비싸게 팔고 싶다면 '기능'에 취하지 마라.

'올바름'에 걸지 마라.

'감정'은 값비싸다.

사람이 매료되는 몸가짐을 배워, 마음을 빼앗아라.

시장 가격을 무시할 수 있는
'사람 검색'의 실제 예시

 선동적인 문장이 이어진 관계로 여기서는 한숨 돌리는 기분으로 '사람 검색'에 딱 들어맞는 독특한 사례를 소개하겠다.

 나는 지금, 고향인 효고현 가와니시시에서 마을 만들기에 나서고 있어서 자주 고향을 찾는데 얼마 전 단골 술집에 들렀다.

 아주 옛날, 가게 문을 닫은 이른 아침에 함께 동네 강에 뛰어든 적 있는 주인이 경영하는 술집이다.

 가게에 들어가 생맥주를 주문하고 배가 고파 주인에게 '적당히 좀 내 봐!'라는 말도 안 되는 주문을 했는데 얼마 후 '만두'가 나왔다.

 '그야 주문했으니 나왔겠지'라고 생각할지도 모르지만, 마음에 걸리는 포인트가 두 가지 있었다.

첫째는 '이 가게에는 이제까지 만두 메뉴가 없었다'라는 것.

둘째는 '이 술집은 코로나19 기간에도 손님으로 북적였다'라는 것.

즉 '경영이 궁지에 몰려 쥐어짜낸 신메뉴'가 아니라는 소리다. 가게는 여전히 순조로웠는데도 새 메뉴를 개발한 것이다.

뭐야? 그 적극적인 자세는?

눈물 나잖아.

푸펠이잖아. 푸펠!(#너만큼은놀리지마라)

주인의 마음만으로도 기뻐서 맛은 전혀 기대하지 않았는데 먹어 보니 만두가 엄청 맛있었다.

팔이 안으로 굽은 게 아니고 진짜로.

할 필요 없는 도전에 나선 데다 결과도 만들어 낸 것이다.

괜스레 감동하고는 주인에게 '맛있어! 야, 이 만두, 정말 맛있어!'라고 흥분한 목소리로 전했더니, 주인에게서 '당연하잖냐'라는 대답이 돌아왔다.

프로구나. 프로의 표본이야.

'음식의 프로가 만든 거니까 맛있는 게 당연하지 않겠냐'라는 의미의 '당연하잖냐'겠지?

그렇게 생각했는데 아니었다. 내 설레발이었다.

주인의 '당연하잖냐' 뒤에 이어진 말을 듣고, 뒤로 넘어갈 뻔했다.

'슈퍼에서 사 왔으니까.'

의자가 무너져 내렸다.

의자에서 떨어진 게 아니다.

의자 자체가 무너져 내린 것이다.

주인은 말했다. "슈퍼에 식품을 납품할 수 있는 건, 프로 중의 프로의 일이야. 그런 대단한 분이 개발한 만두니까 맛있는 게 당연하지. 내가 만든 거랑은 차원이 다르다고."

왜 설교를 들었는지는 모르겠으나 근처 슈퍼에서 330엔 정도에 산 만두를 전자레인지에 데워 5백 엔에 내고 있다는 것은 알게 됐다.

하지만 그래도 괜찮다.

여기서 이 만두를 먹는 게 주인을 응원하는 것이니까.

가게 손님들도 다 그걸 알고 있다.

싸게 먹고 싶으면 슈퍼마켓에서 사면 된다는 걸 알고도 이 가게에서 주문하는 거다.

'기능'을 판매하는 것뿐이라면 330엔이다.

그러나 '주인을 응원'한다는 '의미'를 부가가치로 판매하므로 5백 엔이 되었다.

그 순간 만두의 카테고리는 '팬 굿즈'가 된다.

'사람 검색'은 시장 가격에 저항할 수 있는 얼마 안 되는 타개책 중 하나다.

이걸 물건으로 만들지 못하는 한, 당신은 박리다매 싸움에

서 벗어날 수 없다.

참고하시기를.

핵심은
'고객의 팬덤화'

 우리처럼 엔터테인먼트를 생업으로 하는 사람은 오히려 '기능'을 판매할 기회가 적다.

 내가 일하는 CHIMNEY TOWN에서는 웹 서비스를 운영하거나 커피나 화장품을 개발 & 판매하는데, 그것은 드문 경우고 **대부분의 엔터테이너는 '기능 이외의 무언가'를 팔고 있다.**

 라이브 타월도 그렇고, 그 가격의 대부분이 '응원비'다.

 그리고 그 '기능 이외의 무언가'를 구매하는 것이 바로 '팬'이라 불리는 사람들이다.

 '기능'으로 차별화를 도모할 수 없어서 '기능 이외의 무언가'를 팔아야 하는 세상에서는 이 '팬'을 깊이 이해해 둘 필요가 있다.

그런고로, 이제부터는 '팬' 이야기다.

'"기능"을 사는 고객'과 '"의미"를 사는 팬'

2020년. 이제까지 정보 약자들에게 사기로 취급당했던 크라우드 펀딩이 코로나19 감염 확산의 흐름을 타고 널리 퍼졌다.

크라우드 펀딩(구매형)의 시장 규모는 2019년 1월~6월에 약 77억 엔이었는데 2020년 1월~6월에는 약 223억 엔까지 성장했다.

이 시기, 특히 눈에 띈 것이 이동이 제한된 여파를 고스란히 받은 가게의 크라우드 펀딩이다.

점포 경영자는 거리에 사람이 없음에도, 손님 없는 가게의 임대료를 내고 근무하지 않는 직원들의 급여를 지급하며, '곧 회사의 현금이 바닥난다'는 지옥 같은 상황을 맞이하고 있었다.

전국 방방곡곡의 온갖 가게가 비명 섞인 크라우드 펀딩에 나섰는데, 잔혹할 정도로 **'후원이 모이지 않는 가게'와 '후원이 모인 가게'가 확연히 나뉘었다.**

학교 교육은 이런 현상을 멋들어지게 무시하고 있지만, 우리는 이 결과를 통해 배워야 한다.

크라우드 펀딩에 매달릴 미래가 또 올지도 모르는 것이기 때문이다.

지금부터 크라우드 펀딩을 대단하게 얘기할 텐데, 내 크라우드 펀딩 실적으로 말하자면 요시모토흥업의 크라우드 펀딩 플랫폼을 하나 만들고, CHIMNEY TOWN의 크라우드 펀딩 플랫폼 "PICTURE BOOK"도 만들었고, 개인 프로젝트로만 따지면 후원 총액은 '약 5.7억 엔'으로 분명 국내 톱이라 생각한다.

즉 '실적이 있는 사람이, 그 경험으로 말해 주겠다'는 이야기다.

그럼 코로나19 여파 속에서 '후원이 모이지 않는 가게'와 '후원이 모인 가게'의 차이는 무엇일까?

결론부터 말하자면 '**고객**이 지지하는 가게'에는 후원이 모이지 않고, '**팬**이 지지하는 가게'에는 후원이 모였다.

지금 '고객'과 '팬'이라는 두 단어가 나왔는데, 이게 매우 매우 중요하며 우리가 '손님'이라고 부르는 사람들 중에는 '**고객**'과 '**팬**'이 있다.

'고객'은 '상품을 사 주는 사람'이고, '팬'은 '서비스 제공자를 응원하는 사람'이다.

'팬'은 '서비스 제공자를 응원하려고 상품을 사 주는 사람'이라고도 할 수 있다.

라이브 타월 같은 게, 정말로 그러하다.

'고객은 "기능"을 사고 팬은 "의미"를 산다'라고 정리하면 보다 명확해질지도.

'손님'을 하나로 정리해 버리면 안 된다.

'고객'과 '팬'은 전혀 **다른 존재**다.

예컨대 당신이 매일 이용하는 편의점이 코로나19 여파로 크라우드 펀딩을 한다면 당신은 후원할까?

……아마, 안 하겠지(웃음).

이유는 당신이 그 편의점의 '고객'이니까.

그 편의점에서 반찬이나 주먹밥, 차는 사겠지만, 당신은 그 편의점의 점원(서비스 제공자)의 이름을 모른다.

편의점에서는 '기능'밖에 사지 않는다.

그래서 편의점의 고객인 당신은 틀림없이 이렇게도 생각할 것이다.

'코로나19 영향으로 이 편의점이 망해도 그 자리에 또 편의점이 들어올 테니, 뭐, 생활에 지장은 없겠지'라고.

이게 '고객'의 생각이다.

조심해야 하는 건, '단골이기는 하지만 고객'일 가능성이 있다는 것이다.

가게가 '손님'으로 북적인다고 해서 안심하면 안 된다. 그 '손님' 대부분이 '고객'이라면 코로나19 여파를 피해 갈 수 없고 '기능'만 팔아 왔기에 상품을 비싸게 팔 수 없다.

한편, 예컨대 당신이 자주 다니는 동네 술집의 마담이 '코로나로 가게가 힘들어서 크라우드 펀딩을 해 볼까 해'라고 말하고 크라우드 펀딩의 리워드가 '2천 엔을 후원하면 다음에 가게에 왔을 때 윙크해 줄까 봐'라는 악마적인 내용이라면 당신은 후원할까?

……아마, 하겠지(웃음).

이유는 당신이 그 술집의 '팬'이기 때문이다.

'지금 가게가 망하면 마담은 거리에 나앉게 될 거고, 마담의 아들 학비는 어쩌지?'라는 것까지 당신은 생각할 것이다.

필요 없는 윙크를 산다는 것은 어차피 구실일뿐이고, 당신은 바의 마담과 그녀의 가족을 지키기 위해 2천 엔을 내는 게 아니겠나.

그게 '팬'이다.

팬은 코로나로 힘든 가게를 도와주고, 기능성이 전혀 없는 '윙크'도 사 준다.

'고객'과 '팬'은 다른 이들이다.

당신이 서비스 제공자로 맞이하는 '손님' 가운데는 '고객'과 '팬'이 있다.

그 비율이 '고객 : 팬 = 9 : 1'이라면, 그것을 '8 : 2'로, '7 : 3'으로, '6 : 4'로 해 나가는 작업이, 상품을 비싸게 팔기 위한 당신에게 필요하다.

지금 당신에게 필요한 건 '고객의 팬덤화'이며, 여기에는 명확한 방법이 있으므로 이제부터 전해 주겠다.

기가 막히게 공부가 되는 책 한 권이잖은가.
내 팬이 되어 줘도 좋고.

'응원할 여지'의 계산식

'고객의 팬덤화가 중요하다'라는 이야기를 들어도 그 방법을 모르면 시작할 도리가 없으므로 지금부터는 '팬 만드는 방법'에 대해 이야기하겠다.

이는 '모든 개그맨이 경험한다'라고 해도 과언이 아닌데, 개그맨이 가장 관객을 많이 모으는 시기는 'TV에 나오기 시작할 때'이고, 거기에서 관객 동원력이 정점을 찍고 그다음부터는 하양 곡선을 그린다.

TV에 나왔으므로 '인지도'는 상승 곡선을 그리는데 웬걸, 그만큼 관객 동원력이 따라가지는 않는다.

'인지'와 '인기'가 비례 관계는 아니다.

이런 소리를 하는 킹콩도 TV에 처음 나왔을 무렵에는 '라이브 티켓은 몇 초 만에 매진'이라는 상태였지만, 우리 프로그램이 황금 시간대에 방영될 무렵에는 라이브 티켓이 남아돌아 3백 명이 들어가는 극장을 다 채우지 못했다.

프로그램 시청률은 매주 20퍼센트를 유지하고 있었으므로 한 프로그램만 인구로 치환해도매주 약 2천5백만 명이 우리를 보는 셈인데 3백 명을 못 채운 것이다.

킹콩은 인지도와 반대로, 관객 동원력을 놓치고 있었다.

팬을 잃고 만 것이다.

몇 년 뒤, 부도칸에서 라이브 무대를 가질 때까지 킹콩은 V자 회복을 이뤘는데 부도칸 무대에 어쩌다 우연히 오른 건 아니다.

인기가 떨어졌을 때 '팬'에 관한 가설을 세우고 검증을 되풀이해 대책을 마련했다.

'팬이 없다'는 건 무슨 뜻인가?

'팬이 없다'는 상황을 만든 원인은 무엇인가?

이 질문의 답은 지극히 단순한데, '응원할 여지가 없다'는 것이다.

'응원할 여지'를 만들지 못하면 팬은 생기지 않는다

당연한 소리지만, '응원할 여지'가 없으면 응원할 방법이 없다.

극장에서 땀을 흘리는 개그맨은 TV에 나오는 게 목표이고, 팬은 거기까지의 여정을 응원한다.

극장에서 텔레비전까지의 거리가 '응원할 여지'다.

TV에 나오는 것이 당연해져 버리면, 개그맨의 목표는 '고정 프로그램의 개수를 유지하는 것'으로 바뀌고, 그것은 '현상 유지'이므로 '응원할 여지'가 사라지게 된다.

인지도가 올라가도 팬이 줄어드는 이유는 이것이다.

팬을 만드는 데 중요한 것은 '응원할 여지'를 만드는 것이다.

그리고 '응원할 여지'에는 명확한 계산식이 있다. 이것이다.

『응원할 여지』 = 『목적지』 - 『현재 위치』

'응원할 여지'가 없으면 팬은 생기지 않는다.

그렇기 위해서는 『목적지』 - 『현재 위치』의 값을 만들 필요가 있다.

그리고 당신이 해야만 하는 일은, 당신의 '목적지'와 '현재 위치'를 계속 드러내는 것이다.

당신은 '내가 어디를 향하고 있고, 지금 어느 정도 부족한

가?'를 주위와 계속 공유해야 한다.

목표가 달성되지 않았을 때 망신을 당하고 싶지 않다'는 이유로 '목적지를 숨긴다'라는 자기보호로 내달려선 안 된다.

'꼴사나운 나를 드러내고 싶지 않다'는 이유로 '현재 위치를 숨긴다'라는 자기보호로 내달려선 안 된다.

당신의 '목적지'와 '현재 위치'를 드러내지 않는 한, 당신에게 '응원할 여지'는 생기지 않는다.

'응원할 여지'가 없는 한, 당신에게 '팬'은 생기지 않는다.

크라우드 펀딩이 좋은 예다.

리워드를 팔아 돈을 모으는 것뿐이라면, 온라인 스토어에서 하면 된다.

수수료도 온라인 스토어 쪽이 훨씬 저렴하다.

그래도 크라우드 펀딩에 수요가 있는 이유는, 크라우드 펀딩에는 '목표 금액'이 있기 때문이다.

크라우드 펀딩 프로젝트의 상단에는 '목적지(목표 금액)'와 '현재 위치(현재의 후원 총액)'가 뚜렷하게 나와 있어서 '앞으로 어느 정도의 응원이 필요한가?'를 눈으로 보고 알 수 있도록 디자인되어 있다.

온라인 스토어에서는 팬이 생기지 않지만, 크라우드 펀딩에서는 팬이 생긴다.

그것이 크라우드 펀딩의 수요다.

당신의 '목적지'와 당신의 '현재 위치'를 드러내라.

그것도 한 번이나 두 번이 아니다. **계속 드러내는 거다.**
당신의 팬은, 그 연장선상에 있다.

'팬 만들기'의 실제 예시

수제 맥주 '요나요나 에일'로 알려진 주식회사 야호 브루잉은 '팬 만들기'에 적극적이다.

2010년에 고객과 직원이 교류를 다지는 '팬 이벤트'인 '연(宴)'을 시작해서 해년마다 규모를 키워 가며, 코로나19 시기에도 온라인 개최라는 형태로 '팬 이벤트'를 계속 이어오고 있다.

2017년 10월, 진구가이엔 연식 야구장에서 열린 '요나요나 에일의 초연(超宴)'에는 4천 명이 모이며 성황을 이루었다.

이 이벤트에 신청한 한 그룹당 평균 인원수는 3명 전후라고 하며, 1,000~1,500명의 팬이 2~4명의 가족이나 친구를 데리고 왔다는 계산이 된다.

여기서 '팬이 신규 고객을 데려오고, 신규 고객이 팬이 된다'라는 흐름이 생겨나고 있다.

그 덕분에 야호 브루잉이 신상품을 발표하는 날은 축제 같다. 그날의 트위터에는 야호 브루잉 팬들의 '응원 홍보'가 넘쳐난다.

'매상'보다 '팬 만들기'를 택한 결과

도쿄 오모테산도에 있는 미용실 "NORA HAIR SALON"도 '팬 만들기'에 적극적이다.

나는 업무로 출장을 간 밤이면, 가능한 그 지역에 사는 온라인 살롱 멤버(@니시노 아키히로 엔터테인먼트 연구소)와 술을 마시려 하는데, '도쿄 개최'가 되면 사람이 많아져서 참가하겠다고 손을 든 멤버들이 이자카야 가게에 다 들어가지 못한다.

이런저런 이유로 곤란해하고 있던 중, "NORA HAIR SALON"이 먼저 목소리를 내주셨다.

자그마치 오프라인 모임 장소로 가게를 빌려주시겠다는 거다. 그것도, '오프라인 모임을 위해 가게를 일찍 닫겠다'라는, 출혈이 큰 서비스였다.

이날 "NORA HAIR SALON"은 18시에 영업을 종료하고, 19시부터는 「니시노 아키히로 엔터테인먼트 연구소」의 오프라인 모임 장소가 되었다.

눈여겨봐야 할 점은, '"NORA HAIR SALON"의 미용사가 「니시노 아키히로 엔터테인먼트 연구소」 오프라인 모임의 자원봉사자로 가게에 남아 있었다'라는 점이다.

"NORA HAIR SALON"의 직원이 온라인 살롱 멤버가 가져온 술을 아이스박스에 넣었다가, 아이스박스에서 꺼낼 때는 병에 맺힌 물방울을 닦아 주었다.

그리고 온라인 살롱 멤버와 함께 술을 마시고, 이야기를 나눴다.

그때, 처음 "NORA HAIR SALON"을 방문한 온라인 살롱 멤버와 직원의 대화가 재미있었다.

'다음에 내 머리카락 좀 잘라 주세요.'

'꼭이요. 제가 자르게 해 주세요.'

커트 기술을 확인하지도, 커트 요금을 묻지도 않고 계약이 이루어진 것이다.

만약 그 직원의 커트가 엉망진창이면 어쩔 셈인가?

만약 커트 요금이 말도 안 되게 비싸면 어쩔 셈인가?

아니아니, 그런 걱정은 필요 없다.

정보가 공유되어 '퀄리티(기능)'는 이제, 위쪽에서 도토리 키재기를 하고 있다.

요즘 세상에 '커트가 엉망친장인 미용사'는 없다.

요즘 세상에 '말도 안 되게 비싼 미용실'은 존재하지 않는다.

미묘한 차이를 알 수 있는 프로라면 이야기는 달라지겠으나 우리 일반인이 보기에는 어느 미용사나 다 훌륭하고, 어느 미용실이나 대개 비슷한 가격이다.

앞머리를 좀 짧게 자르더라도 머리카락은 또 자랄 테고, 생각했던 것보다 5백 엔 비싸도 술잔을 나누며 가까운 관계가 된 직원을 위해 쓰는 돈이라면 괜찮다.

잊지 말아야 하는 것은, 이날 "NORA HAIR SALON"은 '18시 이후의 매상을 버렸다'는 것이다.

'18시 이후의 매상'보다도 '팬 만들기'를 택했다.

"NORA HAIR SALON"은 내 온라인 살롱의 오프라인 모임 외에도, 다양한 케이스로 '팬 만들기' 시도를 계속하고 있다.

그리고 그 활동은 코로나19 상황에서 멋진 열매를 맺었다.

맨 처음 긴급 사태 선언이 발령되어 도쿄 거리에서 사람이 사라진 날의 일이다.

여느 곳들과 마찬가지로 "NORA HAIR SALON"도 어려움에 내몰려 있었다.

오모테산도에 있는 큰 가게다. 임대료만 해도 장난이 아니다.

그때 "NORA HAIR SALON"이 내놓은 것이 '미래 티켓'이었다.

요컨대 '회수권'이다.

긴급 사태 선언이 발령되어 있는 지금이 아니더라도, 언젠가는 머리를 자를 것이고, 언젠가는 머리를 염색할 것이고, 언젠가는 파마를 할 것이다.

그런 이유로, 온라인 스토어에서 '미래 티켓'을 판매했더니, 이것이 날개 달린 듯 팔렸다.

홋카이도의 손님부터, 오키나와의 손님까지, 모두가 "NORA HAIR SALON"의 '미래 티켓'을 구매했다.

재미있는 것은, '미래 티켓'을 구입한 많은 이들이 '미래 티켓'을 한 번도 사용하지 않았다는 것이다.

나도 '헤어커트 10회분'을 샀지만, 마찬가지로 사용하지 않았다.

틀림없이, 마찬가지로 사용하지 않은 다른 사람들과 같은 마음이었을 거라 생각한다.

이대로 가게가 망하면 그 직원들이 거리에 나앉을 테니까.

그냥 돈을 건네고 싶었다.

하지만 '돈을 받아 주세요'라고 하면 거절당할 것이다.

우리에게는 'NORA HAIR SALON이 돈을 받을 핑계'가 필요했고, 그때 '헤어커트 10회분의 선결제를 받겠습니다'라는 방식이 좋았다.

'나를 위해 산다'라고 내세울 수 있으니 말이다.

이것은 룸살롱이나 호스트 바의 '샴페인'에 가깝다.

샴페인을 마시고 싶어서 샴페인을 주문하는 손님은 드물고, 대부분의 손님은 목표물인 여성이나 남성을 응원할 목적으로 샴페인을 주문한다.

직접 돈을 건네면 보기에도 좋지 않고, 샴페인을 주문하는 걸로 간접적으로 돈을 건넨다.

룸살롱이나 호스트 바의 샴페인은 '마실 거리'가 아니라 '팬 굿즈'이며 "NORA HAIR SALON"의 '미래 티켓'도 '팬 굿즈'였다.

야호 브루잉도 NORA HAIR SALON도 우연히 팬이 생긴 게 아니다.

목표를 정하고, '팬 만들기' 비용을 치르며 팬을 만든 것이다.

당신은 어떤가?

커뮤니케이션은
어디에서 생기는 걸까?

　이제까지의 이야기를 대충 정리하면 '**고객을 팬으로 만들고 상품에 "응원 요금"을 붙이는 게 좋다**'는 말이다.

　등장인물은 '서비스 제공자'와 '손님'이며, '고객'이든 '팬'이든 '응원할 여지'는 그 둘 사이에서 오고 가는 것이다.

　이제부터는 그것과 또 다른 한 발 앞의 이야기다.

　이것은 내가 일하고 있는 CHIMNEY TOWN에서도 적극적으로 취하고 있는 방법이며, 확실한 성과를 내고 있으니 참고하면 좋겠다.

미식의 거리 '산 세바스티안'

6년쯤 전, '니시노 씨의 마을 만들기에 참고가 될 것 같아요'라며 스태프가 제안해 스페인의 '산 세바스티안'이라는 곳을 방문했다.

'여기는 미식의 거리예요'라고 소개를 받았으나 나는 음식에 흥미는 없었다.

'네가 오고 싶었던 것뿐이잖아!'라고 따지고선 밤거리로 나서 보니, 이게 참 흥미로웠다.

뒷골목에는 수많은 바가 늘어서 있고, 해가 지기 시작할 무렵에는 축제 같았다.

'모처럼 이렇게 많은 바가 있는데 1차로 끝나는 건 아깝잖아?'라는 이유로 산 세바스티안에는 술집을 돌아다니는 문화가 단단히 뿌리를 내리고 있었다.

그것도 '2차, 3차' 수준이 아니라 '7차, 8차'인 기세다.

'두 잔 마시면 다음 가게'로 가는 식이라 다들 입식 파티처럼 거리를 돌아다닌다.

이건 실로 합리적이라고 생각했다.

걸어 다니다 보면 배가 꺼지고 어느 정도 술도 깨니까 말이다.

다시 말해, 하룻밤에 먹고 마시는 양이 나도 모르는 사이 늘어난다.

바로 '음식점을 운영할 때는, 배가 꺼지고 & 술이 깨는 구조를 가게 안에 넣는다'라고 메모를 했다(#타고난메모광임).

그렇게 마시며 돌아다니고 있는데 2차에서 같은 자리에 앉았던 스페인 아저씨와 8차에서 또 만났다.

'이 거리의 돌아다니며 마시는 문화는 결과적으로 합리적이며 정말 재미있어요'라고 말하자, '재미있는 가게가 있으니까 데려가 주지'라고 스저씨(스페인 아저씨)가 말했다.

'재미'라면 정신을 못 차리는 나는, 스저씨 말대로 가게를 나와서, 스저씨 말대로 택시에 올라탔다.

이제까지 내내 걸어서 돌아다녔으면서 이제 와서 갑자기 택시였다.

그 재미있는 가게는 거기에서 조금 떨어진 장소에 있는 모양이다.

그런데 말이다.

차가 달린 지 5분, 10분, 15분. 전혀 가게에 도착할 기미가 없다.

밖을 보니 거리의 불빛이 한참 멀리에 보이고, 지금은 스페인의 캄캄한 숲속을 폭주 중이었다.

'당했다'라는 생각이 들었다.

어릴 때부터 '모르는 사람은 따라가면 안 돼'라고 그만큼 잔소리를 들었는데, 누계 접촉 시간이 불과 2~3분인 정체불명의 스저씨를 따라오고 말았다.

촌뜨기 일본인이라 호구가 되고 말았구나.

다행히 차는 그 정도로 속도를 내지 않았고, 도로 옆에는 풀밭이 펼쳐져 있다. 마음을 먹고 뛰어내리면 도망칠 수도 있을 듯했으나, 조수석에 앉은 스저씨는 여유 있는 표정이었다. 콧노래까지 불러 대고 있었다.

틀림없이 유괴당한 사람이 이쯤에서 뛰어내릴 거라는 정도는 감안해 뒀을 것이다. 그렇다면 도망칠 방법은 없다. 어차피 스저씨는 그다음 수도 생각해 놓았을 테니까.

나는 스저씨가 방심하는 틈을 노리기로 했다.

차는 그대로 빠르게 달려, 마을을 나선 지 20~30분 후에 마침내 다다른 것은 '산속 공장'이었다. 스저씨의 아지트일까.

아주 그럴듯한 유괴극이다.

틀림없이 나는 저 공장에서 팔을 뒤로 묶인 채 재갈을 물게 될 것이다.

스저씨는 여전히 여유로운 표정이었다.

공장 안으로 들어가니, 그곳은 상상하던 풍경과 전혀 달랐다.

사람들로 북새통에, 모두가 나사가 풀린 듯이 들떠 있다.

두 팔을 들고 '후-' 하고 외쳐 댔다.

'이건 이것대로 위험하네'라고 생각했다.

각성제 수준의 위험함이다.

나는 도망칠 타이밍을 노리며 스저씨가 시키는 대로 자

리에 앉았다.

곧 남자가 다가오더니 내 테이블 앞에 '아무것도 안 올라간 바게트'와 '빈 유리잔'을 놓았다.

접시도 없었고 무엇보다 잔이 비어 있었다.

벌써 각성제를 맞은 걸까?

환각이라도 보나?

아니었다.

주변을 둘러보니 빈 잔을 든 남녀노소가 옆방으로 이동하고 있었다.

이렇게 된 이상, 로마에 왔으면 로마법을 따라야지.

나도 빈 잔을 들고 옆방으로 이동했다.

그러자, 그곳에는 '시드르'라고 부르는 사과주가 담긴 거대한 통이 쭉 늘어서 있고, 모두 그 거대한 통에서 자신의 술을 따르고 있었다.

그래, 이거 참 재밌네.

거대한 통에서 직접 술을 따르는 경험은 해 본 적 없다.

이곳은 그게 가능한 '체험 공장' 같은 것이다.

스저씨는 이걸 경험하게 해 주고 싶었던 것이었다.

데려와 줘서 고마워요, 스저씨!

난 당신을 계속 믿고 있었다고.

그런데 말이다.

상상해 봐라. '거대한 통의 수압'을.

고압 세척기 수준의 세기로 수도꼭지에서 술이 쏟아져 나오면 잔 바닥에 부딪힌 술이 튀어 올라, 한 방울도 잔에 들어가지 않는다.

어쩔 수 없이 수도꼭지에서 떨어졌더니, 이번에는 수도꼭지에 손이 닿지 않는다.

이렇게 되면 누군가에게 꼭지를 틀어 달라고 할 수밖에 없다.

나는 눈길이 마주친 스페인 사람에게 말을 걸어, 꼭지를 틀어 달라고 해서 무사히 잔에 술을 따를 수 있었다.

도움을 받았으므로 이번에는 내가 꼭지를 틀어 줄 차례다.

그리하여 "공동 작업"을 통해 무사히 술잔을 채운 우리는 바로 친해졌고, 술자리로 돌아왔을 때는 둘이서 두 팔을 들고 '후!' 하고 외치기에 이르렀다.

이 공장에 들어오며 본 게 잠시 후 미래의 나였던 것이다.

그 뒤로도 술잔이 비면 근처에 곧 잔이 빌 것 같은 손님에게 말을 걸어 함께 술을 따르러 갔다.

덕분에 가게 안 손님들은 모두 친해졌다.

이게 이 가게의 '부가가치'일 것이다.

스저씨에게 '데려와 줘서 고마워. 이거 정말 재미있는 구조야'라고 말하자, 스저씨는 '더 재미있는 사실이 있어'라며 말을 이었다.

"이 술, 아까 가게에서도 팔아. 그것도 더 싼 값에."

같은 술을 싸게 마시려면 일부러 이런 데까지 올 필요는 전혀 없다.

그런데 왜?

이 가게는 사람들로 북적였다.

다들 굳이 택시를 타고 일부러 다른 데보다 비싼 가격으로 '거리에서도 파는 술'을 마시러 온다.

무엇을 팔고 있을까?

'기능'인가? 아니다.

'서비스 제공자의 응원'일까? 그것도 아니다.

여기 있는 손님은 **모두 '손님과의 커뮤니케이션'에 돈을 내고 있다.**

이 가게의 콘텐츠는 '손님과의 커뮤니케이션'이다.

여기서 꼭 생각해야 하는 게 있다.

애당초 왜 이 가게에서는 '손님들끼리의 커뮤니케이션'이 생겨난 것일까?

이유는 '불편'했기 때문이다.

거대한 통에 수압 조절이 되는 편리한 수도꼭지가 있었다면, 술은 누군가의 힘을 빌리지 않아도 혼자서 따를 수 있다.

그러나 그 거대한 통은 불편해 두 사람이 협력하지 않으면 술을 따를 수 없는 구조였다.

그렇게 탄생한 '손님과의 커뮤니케이션'이 이 가게의 콘텐츠가 되었다.

  중요한 부분이니까 꼭 기억하길 바란다.

인류가 탄생한 순간부터 지금까지 불편한 게 없는 데서는 커뮤니케이션은 일어나지 않는다.

  그리고 **기능으로 차별화할 수 없는 현대에는 그 '커뮤니케이션'이야말로 가장 큰 부가가치가 된다.**

  쓸데없이 '불편'을 없애지 마라.

  '기능'만 팔게 된다.

  당신의 상품에 **'불편'을 전략적으로 디자인**하는 것이다.

불편이
가져다주는 것

교토첨단과학대학의 가와카미 히로시 교수가 제창한 '불편익(benefit of inconvenient)'이라는 용어가 있다.

읽은 글자 그대로 불편이 가져다주는 이익과 가치를 말한다.

유명한 예로 '후지산'이 그러하다.

후지산은 5부 능선까지는 자동차로 갈 수 있는데 거기서부터 위는 걸어서 올라야 한다. 상당히 불편하다.

그렇다고 후지산 정상까지 가는 편리한 에스컬레이터가 생긴다면 어떨까?

후지산 등산의 재미가 사라질 테고, '산장에서 쉰다'는 오락도 사라지고, 등정의 성취감도 사라지고 만다.

'5부 능선 이후로는 걸어가야만 한다'라는 불편함이 등산

객에게 큰 가치를 가져다준다는 것을 알 수 있다.

바비큐도 그러하다.

바비큐장의 직원이 알아서 숯에 불을 붙여 주고, 고기를 구워 준다면 어떨까?

틀림없이 당신은 그 바비큐장을 두 번 다시 선택할 일이 없을 것이다.

그야 스스로 숯에 불을 붙이고 직접 고기를 굽는 성가신 과정을 맛보고 싶어서 바비큐를 선택한 거니까.

조립된 프라모델을 사는 사람은 없고, 완성된 퍼즐을 사는 사람도 없다.

'딸기 따기 체험 행사'에 갔는데 농가 할머니가 나서서 딸기를 따 준다면 틀림없이 당신은 할머니에게 따질 것이다.

이처럼 우리는 예전부터 '불편'을 좋아하며 사고 있다.

엄밀하게 말하면 **세상에는 '필요한 불편'과 '불필요한 불편'이 있고, 우리는 '필요한 불편'에 돈을 낸다.**

이 이야기를 좀 더 파고들어 보자.

'필요한 불편'은 크게 두 가지로 나눌 수 있다.

'혼자 즐기는 불편'과 '여러 사람이 즐기는 불편'이다.

혼자 즐기는 불편으로 얻을 수 있는 기쁨은 '성장의 확인'과 '성취감'이다.

프라모델이나 퍼즐이 그런 예이다.

한편, 여러 사람이 즐기는 불편으로 얻을 수 있는 기쁨은

'성취감의 공유'와 '커뮤니케이션'으로 보면 되겠다.

바비큐에서 좀처럼 불이 붙지 않던 숯에 불이 붙을 순간 박수가 터지잖아? 친구가 고기를 태우면 웃으며 한 대 쥐어박기도 하지?

바로 그거다.

불편이란 무엇일까?

불편이란 '의문'이다. 수수께끼 같은 것이다.

혼자 풀면 기분이 좋고 동료와 협력해 풀면 더 기분이 좋다.

그래서 동료와 힘을 합쳐 풀 때는 풀기 전보다 동료와의 거리가 가까워져 있다.

내가 일하는 CHIMNEY TOWN에서는 이 **'여러 사람이 즐기는 불편'을 자주 판매한다.**

'에펠탑 개인전 설치를 할 수 있는 권리' 같은 게 있다.

에펠탑의 관계자 출입구로 들어가 파리의 야경을 배경으로 한밤중에 짐을 들고 영차영차 땀을 흘렸다. 물론 전문가 입회 상황에.

여기서는 돈의 흐름이 역전되었음을 알 수 있다.

서비스를 받는 쪽이 돈을 내는 게 아니라, 서비스를 제공하는 쪽이 돈을 돈을 내는 것이다.

하지만, 이런 '설치할 수 있는 권리'는 언제나 즉시 완판된다.

모두, 불편을 원한다.

모두, 커뮤니케이션을 원한다.

조금만 더 돈 이야기를 하자면 「에펠탑 개인전 설치를 할 수 있는 권리」 매상으로 개인전 비용을 벌었기에, 개인전 자체는 무료로 개최하게 되었다.

서비스 제공자가 돈을 내고, 고객은 무료로 즐긴 것이다.

'기능만을 판매한다'라는 뇌로는 도저히 여기에 다다를 수 없다.

당신은 '기능 이외의 무언가'를 팔아야 하는 시대에 살고 있다.

'브랜드'일까, '스태프를 응원할 여지'일까, '손님끼리의 커뮤니케이션'일까.

뒤의 두 가지에는 '커뮤니케이션'이 반드시 끼어 있다.

커뮤니케이션이 없으면 '고객'은 '팬'이 되지 않고, 커뮤니케이션이 없으면 고객끼리는 이어지지 않는다.

'불편'이 '커뮤니케이션'을 낳는다

나는 고베 대지진의 피해자인데, 그때만큼 이웃과 많이 대화한 건 그전에도 후에도 없었다.

도시가스가 끊어진 날, 나는 프로판가스가 있는 이웃집에 욕실을 빌려 쓰러 갔던 것이다.

욕실을 빌린 대신 심부름하고 '고마워'를 주고받았다.

'이 사람, 얘기해 보니 좋은 사람이구나'라고 생각한 걸 지금도 기억하고 있다.

내가 하고 있는 온라인 살롱 「니시노 아키히로 엔터테인먼트 연구소」의 가장 큰 수요는 여기에 있다.

모두 적극적으로 이벤트에 참여하고 스스로 이벤트를 기획하고 이벤트를 주최하며 겪은 고생을 공유하고 그곳에서 만난 살롱 멤버들의 가게를 다닌다.

그리고 살롱 멤버가 같은 멤버의 가게에 가면 하는 말이 정해져 있다.

'이거 응원비니까 받아 둬.'

다시 말하겠다.

함부로 '불편'을 없애지 마라. 비싸게 팔 수 없게 된다.

혼자서 살 수 있는 사회를 지향하지 마라. '기능'밖에 팔 수 없게 돼 버릴 테니.

내 상품 주변에 '불편(풀기 힘든 의문)'을 전략적으로 배치하고 커뮤니케이션을 만드는 거다.

하나밖에 모르는 '보편적인 디자인'으로 커뮤니케이션을 놓치고 있을 때가 아니다.

상품을 비싸게 팔고 싶다면 '무엇을 팔 것인가?'를 명확하게 하는 편이 좋다.

《번외편》

돈의 기초~빚은 나쁘다?

우선 맨 먼저 '돈의 사용 방법'에 대해 정리해 두자.
돈에는 5가지 사용 방법이 있다.
'소비', '낭비', '투자', '투기', '저금(예금)'의 5가지이다.
'소비'는 일상생활을 이어 나가기 위해 돈을 쓰는 것이다.
임대료나 식비, 수도 광열비 등.
살아가는 데 필요한 돈이다.
'낭비'는 필요 이상의 사치에 돈을 쓰는 것이다.
디저트를 사거나 명품 옷을 사는 등.
뭐, 대충 말하면 '쓸데없는 데 돈 쓰는 것'이다.
'투자'는 미래의 나를 위해 돈을 쓰는 것이다.
책을 사거나 공부 모임에 참가하거나 일을 더 잘하기 위한 설비를 사거나.

'보상이 예상되는 상품을 사는 일'이라고 하는 편이 이해하기 쉬우려나.

'투기'는 자산 가격의 움직이는 방향을 예측해서 오를지 내릴지에 걸고 매매하는 것이다.

'쌀 때 사서 비싸게 파는' 것이다.

말하자면 도박이다.

'저금(예금)'은 돈을 모으는 것이다.

은행에 돈을 맡기는 일은 '저금'이 아니라 '예금'이라고 하는데, 번거로우니 여기서는 '저금'으로 통일하겠다.

이 가운데 일본에서 태어난 이상, 어릴 때 접할 수 있는 건 '낭비'와 '저금'뿐인 사람이 많다.

'소비'에 관한 것은 부모가 떠맡으면서 '투자'와 '투기'에 관해서는 부모도 교사도 가르쳐 주지 않는다.

따라서 일본 아이들에게는 '쓸데없는 데 돈 쓰기'과 '돈을 모으기', 두 가지 선택지밖에 없다. 그들의 용돈 쓰임새는 그 두 가지다.

말할 것도 없이, '낭비'로는 돈이 늘어날 수 없다. 간식을 사는데 당신 돈이 늘어날 수는 없지 않나?

그러므로 일본의 부모들은 대부분 '저금하라'고 하는데 유감스럽게도 '저금'해도 돈은 늘어나지 않는다.

당신이 알 만한 유명한 은행의 정기예금 금리는 '0.002%'

정도로, 이 말은 곧 '1백만 엔을 1년간 맡기면 20엔이 늘어난다'는 계산이다.

참고로 편의점 ATM에서 돈을 뽑으면 수수료로 '220엔' 정도 나간다. 영업 시간 외라면 '330엔'쯤 될까.

덧붙여 세상의 물가가 해마다 오르고 있으므로 10년 전에 1백만 엔을 맡겼다고 해도 당시의 1백만 엔 어치의 쇼핑을, 지금은 할 수 없다.

즉, **'낭비'든 '저금'이든 둘 다 돈이 줄고 만다.**

일본의 대다수의 성인은 아이들에게 '돈 줄이는 방법'만 가르치고 있다.

그리고 본인들에게는 그 자각이 없다.

모르는 건 죄가 아니지만, 알려고 하지 않는 건 **큰 죄**다.

다음으로 **'빚'**을 생각해 보자.

당신 주위의 어른은 당신에게 '빚은 나쁘다'고 가르쳤을 것이다.

한마디 더 하자면 '투자는 위험하니까 하지 말라'라고도 했을 것이다.

무시해도 괜찮다. 그 무리는 무지를 악화시켜 머리가 돌아가지 않는다.

정확하게는 '나쁜 빚'과 '좋은 빚'이 있어서, **'나쁜 빚'은 지면 안 되고 '좋은 빚'은 있는 게 좋다.**

'나쁜 빚'은 '소비'와 '낭비'에 충당할 목적으로 지는 빚이다.

빚인 이상 언젠가는 돈을 얹어 돌려줘야 하는데, '소비'와 '낭비'로는 돈이 늘어날 수 없으므로 갚을 수 없다.

이때 해야 하는 건 '빚을 진다'가 아니라 '소비'를 다시 살피고 '낭비'를 억누르는 작업이다.

그렇다면 '좋은 빚'은 무엇인가?

'좋은 빚'은 '보상이 확실히 예상되는 투자에 쓰려고 빌리는 돈'이다.

이런 말을 들어도 바로 와닿지 않을 테니 예제를 내 보겠다.

예를 들어 당신 아버지가 이런 문제를 냈다면 당신은 어떻게 행동할까?

'어떤 방법이든 좋으니까 설거지해 주면 하루에 1백 엔씩 줄게.'

이때 당신에게는 다음 3가지 선택지가 있다.

첫 번째는 '매일 설거시하고 매일 1백 엔씩 받는다'.

이건 쉽게 이해할 것이다.

별생각 없는 대다수의 사람은 이 방법을 선택할 것이다.

두 번째는 '매일 설거지해 매일 1백 엔씩을 받고 그 돈을 모아 10개월 뒤에 약 3만 엔짜리 "식기세척기"를 사서, 그 뒤로는 "식기세척기"를 쓰며 아버지한테는 계속해서 1백 엔을 받는다'.

10개월 뒤부터는 당신이 일하지 않아도 당신에게 매일 1백 엔씩 땡그랑땡그랑 들어온다.

이게 '**저금 + 투자**'다.

이렇게 들으면 두 번째를 선택하고 싶을 텐데, '투자는 위험하니까 하지 말라'는 어른은 이 두 번째 선택지를 빼앗고 있다.

그 사람들은 '노동의 대가 = 돈'이라고 세뇌되어, '돈이 일하게 한다', '구조가 일하게 한다'라는 발상이 전무하다.

그렇게 되면 나의 노동 시간 이외의 돈은 벌 수 없으니, 평생 수입은 천장이 정해지고 만다.

그런 걸 아이들에게 가르쳐선 안 된다.

그리고 이야기는 지금부터 시작한다.

아버지의 '설거지 문제'에서 당신에게는 세 번째 선택지가 있다.

그것은 '처음에 아버지한테 3만 엔을 빌려 "식기세척기"를 구입하고, 처음부터 "식기세척기"를 써서 모은 돈으로 아버지에게 갚아 나간다'이다.

10개월 뒤에는 무사히 빚을 갚을 테고 그 뒤로는 당신의 품에 1백 엔이 땡그랑땡그랑 들어온다.

이 경우, 당신은 한 번도 설거지를 하지 않는다. 설거지에 시간을 할애하지 않는다.

이것이 '**빚 + 투자**'다.

이 세 가지 선택지 가운데 당신은 어느 것을 선택할 것인가?

뭐, 망설이지 않고 세 번째일 거다.

'빚'이 나쁜 게 아니다.

'투자'가 나쁜 게 아니다.

모르는 것을 모르는 채로 두고, 그 지식 그대로 아이들에게 잘못된 걸 가르치는 어른이 나쁜 것이다.

오늘로 끝내라.

제3장

NFT

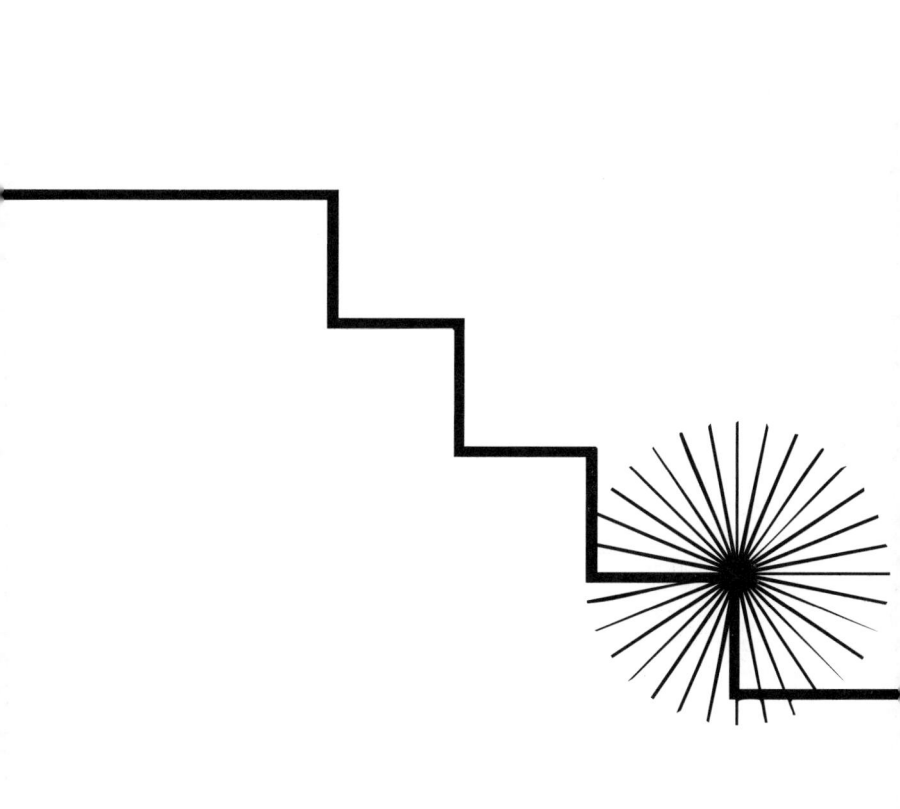

바다에 잠겨 있는
돈 이야기

이 책의 제3장은 이해하기 어려워 보이는 'NFT(Non-Fungible Token)'를 이야기하겠는데, 그 전에 '남쪽 섬의 돌 돈' 이야기를 해 볼까 한다.

NFT를 이해하려면 알아두는 게 좋은, 조금 재미있는 이야기이다.

미크로네시아 연방의 서쪽 끝(일본에서 엄청나게 먼 남쪽!)에 있는 야프라는 섬에서는 석화(石貨)라고 부르는 '돌 돈'이 있다.

옛날 애니메이션 〈개구쟁이 삐뽀〉 같은 데서 본 적이 있을지도 모르겠다. 가운데 구멍이 뚫린 돌 말이다.

'돌 돈'이라고 해서 우리가 쓰는 돈처럼 일용품 구입에 쓰는 게 아니라, 관혼상제의 답례품으로 사용하거나 마을 사람끼리 다툼이 있을 때 '미안해. 이걸로 없던 걸로 하자'라며 주고받는다고 한다.

돌 자체에 '1백 엔', '5백 엔', '1만 엔'이라는 숫자가 새겨져 있는 게 아니라 "값을 매길 수 없는 문제"를 해결할 때 사용한다는 것일 테다.

석화는 '교환용 귀중품'이라 야프섬에서는 지금도 의례적으로 귀중품을 교환함으로써 사회적 관계를 유지하고 있다.

감사의 마음을 표현하는 수단, 사죄의 마음을 드러내는 수단으로 석화가 사용되므로 당연히 야프섬의 주민은 석화의 가치를 믿고 있다.

그도 그럴 터.

'석화에 사용하는 돌'은 야프섬에서 채굴할 수 없다.

'석화에 사용하는 돌'은 야프섬에서 약 5백 킬로미터 떨어진 팔라우 제도에서만 채굴할 수 있어서, 팔라우 제도에서 캐낸 돌을 카누나 뗏목에 실어 먼 길을 운반해 온 것이다.

참고로 5백 킬로미터는 '도쿄 - 오사카 사이'쯤이다.

그만큼의 거리를, 때로는 폭풍우 속을 뗏목으로 실어 오는 것이니 참으로 큰일이다. 실어 오는 동안 파도에 휩쓸려 죽은 사람도 많다고 한다.

이러니 그 가치를 믿는 것이다.

자, 이 석화 이야기로 돌아가자.

크기는 제각각인데 큰 건 3~4미터에 달한다.

무게로 치면 5톤쯤일까. 그런 무거운 돈을 지갑에 넣고 다닐 수는 없다.

그렇다면 석화는 어떤 식으로 쓰이냐 보니, 가지고 다니는 게 아니라 그 장소에서 움직이지 않고 '소유자'가 바뀌는 거라고 한다.

'저 광장에 있는 석화를 당신에게 드립니다'처럼 말이다.

야프섬은 큰 섬은 아니므로 '광장에 있는 석화 주인이 니시노에서 가지와라*로 바뀌었대'라는 소문이 퍼져 '현재 소유자'를 모두 공유할 수 있다.

"석화 이동 기록 센터(가칭)" 같은 중앙 기관이 존재하지도 않아서 '저 석화 소유자가 누구에게서 누구에게로 바뀌었다'라는 석화의 이동 기록은 섬사람 전원의 머릿속에 있기에, 섬사람 전원이 관리하는 셈이다.

흥미로운 점은 여기서부터다.

큰 석화일수록 가치가 높은 이미지가 있지만 엄밀하게는 그렇지 않아서, 석화의 가치는 스토리로 결정된다.

'이만큼 거대한 석화라, 실어 오는 건 무진장 힘들었다고', '역시나. 그럴 만한 가치가 있겠네'라는 식이다.

어쩌면 '과거에 어떤 사람이 가지고 있었는가?'로도 가치가 바뀔지도 모른다. '이거 전에 이치로가 가지고 있던 석화잖아' 같은 느낌으로.

---

* 니시노 아키히로가 속한 개그 콤비 '킹콩'의 가지와라 유타

석화의 이동 이력은 섬사람 전원이 파악하고 있으므로 '과거의 소유자에 따라 가치가 바뀐다'라는 이야기가 없지도 않을 듯하다.

야프섬의 석화 가운데 '가장 가치가 높은' 석화가 있다. 어디에 있을 것 같나?

섬 입구일까? 아니면 섬에서 가장 부자가 사는 집 정원일까?

아니다.

바닷속에 있다.

실제로 소유하지 않아도 소유"감"이 있으면 거기에 가치가 생긴다

그 석화는 팔라우 제도에서 실어 오는 도중에 폭풍우를 만나 바다에 가라앉았다고 한다.

하지만 그 사실은 섬의 모두가 알고 있다.

만질 수도 볼 수도 없으나 바닷속에 야프섬까지 옮겨 오지 못한 크나큰 석화가 잠겨 있음을 모두가 안다.

그러므로 '바다에 잠겨 있는 석화의 현재 소유자는 쓰쓰미시타* 씨예요!'라는 식으로, 바닷속에 가라앉은 석화는 관혼상제의 답례품으로, 마을 사람끼리 다툴 때 사과 선물로 사용되고 있다.

---

*개그 콤비 '임펄스'의 멤버

광장의 석화라면 '이건 내 거야'라며 만져도 보고 보여 줄 수도 있는데, 바닷속에 가라앉은 석화는 만질 수도 볼 수도 없다.

이른바 '소유'할 수 없다.

오직 '소유감'만이 있을 뿐이다.

그런데 그 '소유감'을 주고받는 것으로, 확실하게 가치가 이동한다.

바닷속에 가라앉은 석화의 '소유감'을 건네는 행위를 통해, 예컨대 집과 바꿀 수도 있다는 소리다.

돈은 공동 환상이며 모두가 가치를 믿는 순간에 가치가 발생한다.

이 이야기의 포인트는 2가지다.

"석화 이동 기록 센터(가칭)" 같은 **중앙 기관이 없어도 저마다가 '석화 소유자의 이동'을 기록하고 있다면 교환용 귀중품으로 기능한다는 것**.

그리고 또 다른 하나는 **'모두가 소유자(소유감)의 이동을 기록하는 세계'에서는 '소유감'에 가치가 생긴다**는 것이다.

재밌지?

NFT의 이해를 돕는 '바다에 잠긴 돈' 이야기다.

새로운 문 앞에는
언제나 긴 설명이 있다

 2021년 3월, 디지털 아티스트 '비플'의 NFT 작품이 약 75억 엔에 낙찰되었다는 뉴스가 전 세계를 놀라게 했다.

 며칠 뒤 이번에는 트위터 창업자 '잭 도시'의 사상 첫 트윗의 NFT가 3억 엔 이상에 낙찰. 이 또한 화제가 되었다.

 '디지털 데이터'는 마음대로 복제할 수 있다.

 비플의 작품이나 잭 도시의 트윗 모두 '디지털 데이터'이므로 이미지 검색 & 스크린샷을 하면 누구나 손에 넣을 수 있다.

 그럼에도 불구하고 75억, 3억 엔의 값이 붙은 것이다.

 왜 무한대로 복제할 수 있는 '디지털 데이터'에 그만한 가치가 붙을까. 도대체 무슨 일이 일어난 걸까?

 적어도 안테나를 세우고 사는 살고 있다면, 적어도 2021년

3월 시점에서 이런 의문에 도달했을 게 분명하다.

그런데 이게 웬일, 섬나라 일본에서는 이 시점에서 국민의 99퍼센트(니시노 조사)가 '엔에프티? 뭐야 그게, 맛있는 거야?'라는 상태였다.

그로부터 2년이 지났는데 일본은 지금도 그다지 변하지 않았다.

'NFT' 특집을 방영하는 일본 TV도 그리 본 적이 없다.

그도 그럴 것이다. 프로그램 PD와 MC, 고정 출연자도 'NFT'를 제대로 다뤄 본 적 없기 때문이다.

뉴스로 다뤄 본 적 있더라도 'ㅇ억 엔에 팔렸습니다~'라는 표면적인 화제뿐이고, '왜 거기에 그만큼의 돈이 움직이는 건가?'를 말할 수 있는 사람이 스튜디오에 없다.

그렇다면 이야기할 수 있는 사람을 스튜디오에 부르고, 제대로 시간을 들여 '이건 이런 겁니다'라고 설명하게 하면 될 텐데 채널을 돌릴지 모른다는 부담을 늘 안고 있는 TV에서는, '긴 설명'은 허용되지 않는다.

게다가 비용을 내면서까지 긴 설명을 듣고 새로운 가능성을 배우고 싶어 하는 사람은, 애당초 TV를 보지 않는다.

그 옛날, TV에서 크라우드 펀딩의 가능성을 이야기했을 때 출연자와 PD의 간섭이 15초마다 들어와 어처구니가 없었다.

눈앞의 싸구려 웃음을 위해 얼마나 큰 걸 잃고 있는지를 당시 그들은 전혀 이해하지 못한 것이다.

덕분에 크라우드 펀딩이라는 선택지가 일본에 퍼지는 것이 몇 년이나 늦어졌다.

한심한 개그맨의 책임이 크다고 생각하는데 일본의 '놀리는' 문화는 점점 더 시대에서 뒤처지게 한다. 그리고 많은 사람을 괴롭힌다.

같은 '놀림'이라도 실수한 사람을 비웃음에서 구해 주는 사람이 '개그맨'이지만, 미래의 선택지를 설명하고 있는데 참지 못하고 끼어들며 놀리는 사람은 쓰레기다.

아무도 구할 수 없으니 말이다.

우리 팀은 NFT를 '자금 조달 수단'으로 확립시켰다

지금, 나는 당신을 견제하고 있다.

이제부터 NFT에 관해 말할 텐데 'NFT의 사용법'에 이르기까지 상당히 긴 설명이 될 것이다. 하지만 이 설명을 훌쩍 뛰어넘어 본론으로 들어갈 수는 없다.

그러므로 '이 설명은 들어 두라고' 하고 견제하는 것이다.

긴 설명 다음에 이어지는 건, 어딘가에서 접해 본 적 있는 이야기가 아니다.

우리 팀이 실제로 NFT를 사업에 활용하며 시행착오 끝에

얻은 '현장의 정보'이다.

우리는 이미 NFT를 자금 조달 수단으로 확립시켰다.

그리고 그것은 **'NFT만 이뤄 낼 수 있는 자금 조달'이라 다른 방법으로 대치할 수 없다.**

즉 NFT의 취급법을 모르는 지금의 당신은 적어도 우리보다 '돈을 모으는 수단'이 적다.

그로 인해 이루지 못한 꿈과 구해 내지 못하는 사람이 나올 것이다.

그러니까 더는 늦지 마라.

설명이 조금 어려워져도 끝까지 버텨야 한다.

게다가 당신은 운이 좋다.

나는 어려운 이야기를 간단하게 설명하는 게 특기다.

NFT를 엄청 간단하게
설명하겠다

 이미지 검색에서 「모나리자」를 찾으면 대량의 「모나리자」가 나온다.
 그대로 다운로드하면 스마트폰 배경화면으로 쓸 수도 있다.
 세상에는 복제된 「모나리자」가 많고, 가짜 「모나리자」도 많다.
 진짜 「모나리자」는 프랑스 루브르미술관에 있고 언제든 마음껏 볼 수 있다.
 언제든 누구나 볼 수 있는 「모나리자」이지만, 그래도 일단 '소유주'가 있다. 소유주는 '프랑스 공화국'이다.
 '도쿄타워'는 언제나 볼 수 있고 언제든 오를 수 있지만 공공 재산이 아니라는 사실은 아나?
 '도쿄타워'는 민간 회사의 소유물로 은행에서 돈을 빌릴 때 '대출 담보'로 설정된 적도 있다고 한다.

그대로 돈을 갚지 못했다면 '도쿄타워'는 은행의 소유물이 되었을 것이다.

하긴, '소유주'가 바뀌더라도 변함없이 '도쿄타워'는 그 자리에 서 있을 테니까 우리 생활이 아무것도 바뀔 일은 없다.

'도쿄타워의 소유주는 은행이야!'라고 말할 수 있을 뿐이다.

언제나 볼 수 있고 언제나 만질 수 있는 것에 '소유주가 있다'라는 건 왠지 이상한 느낌이 드는데 어쨌든 '액자에 들어 있는 그림'이거나 '건물'이라면 이해는 간다.

그것들은 이 세상에 하나밖에 없으니까.

'너, 스마트폰 배경화면을 「모나리자」로 해 놨네…… 여기서만 하는 얘기지만, 「모나리자」의 소유주가 나야'라고 자랑할 수 있고, '지금 모두가 보고 있는 도쿄타워…… 저거, 내 거야"라고 으스댈 수 있다.

'소유주'라는 걸 증명할 수만 있다면 수요는 있을 것 같다.

그러나 스마트폰과 컴퓨터에 흘러 다니는 이미지나 동영상, 음성 같은 '디지털 데이터'의 '소유주'를 증명하는 일은 어렵지 않을까?

물체(질량이 있는 물건)라면 '진짜 모나리자'와 '가짜 모나리자'를 구별할 수 있으므로 '진품'은 세계에서 하나이고, '"진짜 모나리자"의 소유주는 프랑스야!'라고 단언할 수 있다.

그러나 '디지털 데이터'는 언제든 누구나 진짜와 전혀 다르지 않게 복제할 수 있고, 굳이 말하자면 "진짜가 대량으로 돌아다니고 있는 것"이므로 '진짜 이미지의 소유주는 이 사람이야!'라고 단언할 수 없다.

그걸 단언할 수 있게 하는 존재가 'NFT'인데, 거기에는 어떤 원리가 있는 걸까?

예를 들어 니시노가 가지와라에게 1만 엔을 보낼 때 은행을 이용할 것이다.

니시노가 가지와라에게 1만 엔을 보낸 걸 아는 것은 나와 가지와라, 그리고 둘 사이에 있는 은행뿐이다. 당신은 알 도리가 없다.

이런 식으로 많은 서비스는 은행처럼 중간에서 '관리하는 사람'이 있고, 우리는 '관리하는 사람'에게 수수료 같은 걸 지불하면서 거래를 한다.

한편 NFT 세계에는 우리 거래를 '관리하는 사람'이 없다.

대단한 사람이나 큰 회사가 우리 거래를 관리하는 게 아니라, 모두의 거래를 모두가 관리한다.

이제까지의 일반적인 조직(왼쪽)과 NFT의 세계(오른쪽)

(왼쪽)기업이 데이터를 관리 / (오른쪽)자기들이 자기들의 데이터를 관리

 디지털 데이터를 넣어 두는 곳을 '지갑'이라고 부르는데, NFT의 세계에서는 니시노의 지갑에서 가지와라의 지갑으로 디지털 데이터가 "직접" 전송된다. '관리하는 사람'이 끼지 않으므로 '관리하는 사람'에게 수수료를 낼 필요도 없다.
 '니시노의 지갑에서 가지와라의 지갑에 디지털 데이터가 전송되었다'라는 사실을 모두 관리하고 공유한다.
 그것뿐인가? 지갑 안도 모두가 들여다볼 수 있다.
 당신이 백화점에서 산 '이미지'를 당신의 지갑에 넣으면 그것도 모두가 볼 수 있다.
 덕분에 당신이 '어떤 데 돈을 쓰는 사람인가?'를 누구라도 알아낼 수가 있다.

모두의 거래, 모두의 지갑을 모두가 관리하고 서로 감시하는 세계다.

구체적인 예를 들어 설명하자

예를 들어 내가 '춤추는 푸펠'의 일러스트를 그린 다음 SNS에 올리고 「춤추는 푸펠의 일러스트 보유권」을 가지와라에게 10만 엔에 판매해 보자.

이미지는 누구나 저장할 수 있으므로 몇 명의 스마트폰 갤러리에 내가 그린 '춤추는 푸펠'이 저장되어 있을 것이다.

'춤추는 푸펠의 일러스트 보유자는 가지와라야'라는 말을 들어도 모두의 갤러리 안에 이미 '춤추는 푸펠'이 있을 테니, 바로 이해되지 않겠지?

다만 모두가 관리하는 가지와라의 지갑을 보면 거기에는 분명 「춤추는 푸펠의 일러스트 보유권」이 있다.

다음 날, 가지와라가 그 「춤추는 푸펠의 일러스트 보유권」을 임펄스의 쓰쓰미시타에게 팔았다고 치자.

그러면 「춤추는 푸펠의 일러스트 보유권」은 가지와라의 지갑에서 임펄스 쓰쓰미시타의 지갑으로 이동한다.

이로써 모두가 '지금은 임펄스의 쓰쓰미시타가 「춤추는 푸펠의 일러스트 보유권」을 가지고 있다'라는 것을 인식하는 것이다.

그런 와중, 도로사몬의 구보타*가 '춤추는 푸펠'의 가짜를 직접 그리고 「가짜 춤추는 푸펠 일러스트 보유권」을 시장에서 몰래 판매하면 어떻게 될까?

'거짓말쟁이 구보타! 이건 가짜야! 「춤추는 푸펠 일러스트 보유권」은 세상에 하나밖에 없고 그건 지금 임펄스의 쓰쓰미시타가 가지고 있다고!' 사람들은 적극적으로 나서서 그를 질타할 것이다(#구보타는그런녀석임).

여기에서 다루고 있는 '보유권'이 바로 NFT다.

'춤추는 푸펠'의 이미지는 누구나 가지고 있다.

"그 이미지, 동영상, 음성⋯⋯ 같은 디지털 데이터의 보유자는 누구인가"를 증명해 주는 증명서'가 NFT이고, 그 '증명서'에 값이 붙는다.

NFT라고 불리며, 매매되는 것은 '증명서'다.

이제까지는 무한하게 복제되는 디지털 데이터의 '소유주'를 만드는 건 불가능했다.

그러나 NFT로 그것이 가능해졌다.

그로 인해 어떤 가능성이 생겼나?

누구를 도울 수 있나?

이야기는 이제부터다.

---

* 일본 개그 콤비 '도로사몬'의 멤버

그림책 작가의
새로운 수입원

NFT를 다루는 대다수는 괜스레 영어를 많이 써서 싫다.

설명하려는 건지 약을 올리는 건지 도통 알 수가 없다. 그 녀석들은 절대 잘나가지 못할 것이다.

한편, 학자 흉내나 내는 중년의 NFT 설명은 너무 장문이라 돌아버릴 것 같다.

NFT가 뭔지 모르고 네게도 관심이 없는데 화면을 스크롤링이 수십 미터나 되는 장문 지옥. 그런 걸 누가 봐 준다는 건지.

사용할 일이 없는 영어를 중고등학교 합쳐서 6년이나 배웠지만, 기억 안 나지?

그러나 한눈에 반한 여성이 미국인이라면 허겁지겁 영어를 떠올렸을 터다.

중요한 것은 한시라도 빨리 '그걸 배워서 무엇을 할 수 있게 될까?'를 알리는 것이다.

NFT의 가능성을 알리는 일이다.

특히 NFT는 '접해 보지 않으면 모른다'.

얼른 접하는 게 중요하다.

외워 두면 좋은 단어는 다음 4가지 정도다.

「OpenSea」「이더리움(ETH)」「암호화폐 거래소」「지갑」.

「OpenSea」는 'NFT를 파는 백화점'이다.

「이더리움」는 그 백화점에서 사용할 수 있는 '돈'이다.

「암호화폐 거래소」는 '현실의 돈을 이더리움으로 교환해 주는 환전소'를 말한다.

「지갑」은 '이더리움이나 NFT 등을 넣는 곳'이다.

거래소에서 돈을 '이더리움'으로 바꿔 지갑에 넣고, 백화점(OpenSea)에 가 좋아하는 NFT를 사서, 산 NFT를 지갑에 보관한다. 이게 전부다.

더 자세한 이야기는 구글에 검색하면 나올 테니까 NFT 설명은 이제 종료한다.

자. 이 책의 제목은 『꿈과 돈』이다.

이제부터는 'NFT로 이제까지 팔지 못했던 무언가가 팔리게 되었으니, 얼마나 돈을 벌 수 있느냐?'를 소개한다.

나는 비평가가 아니라 실천가이므로 이제부터 하는 이야기는 어디선가 접해 본 적 있는 이야기가 아니라 **전부 내가**

경험한 이야기다.

현장에서는 이런 일이 일어나고 있다.

내가 NFT를 처음 발행한 것은 2021년 7월.

이때는 경매 형태로 내가 그린 그림책 『보기 힘든 마르코: 굴뚝 마을에 핀 꽃』의 「페이지 주인 NFT」를 3건 정도 발행해 보았다.

바로 익숙지 않은 단어가 보였을 것이다.

「페이지 주인 NFT」란 '모두가 읽고 있는 그림책의 이 페이지 주인은 ○○입니다'라고 증명하는 NFT를 말한다.

'페이지 스폰서'라고 부르는 게 더 좋을까?

정식 명칭이나 자세한 설명은 구글 검색해도 사전을 뒤져도 나오지 않는다.

그런 개념은 지구 탄생부터 지금의 지금까지 없었으니까.

그림책 『보기 힘든 마르코: 굴뚝 마을에 핀 꽃』의 '페이지 주인권'은 3건 모두 인기 있어서, 최종적으로는 '14.2이더리움(ETH)'에 낙찰되었다.

당시 가격으로 '약 4백만 엔'이다.

그림책은 총 40페이지.

그중 3페이지를 '제1탄'으로 발행한 것이지만, 거기에 약 4백만 엔의 값이 붙었다.

그러고도 37건이 남아 있다. 계산해 보면 얼마겠는가?

보통 그림책 작가의 수입은 '인세'뿐이다.

그림책 매상의 약 10퍼센트가 작가의 인세로 들어온다.

그림책은 '5천 부 팔리면 성공'이라고 불리는 세계이므로 2천 엔짜리 그림책이 5천 부 팔리면 작가에게 들어오는 돈은 '1백만 엔' 정도이다.

이제까지 그림책 작가는 계속 이 자그마한 인세와, 쥐어짜낸 부업으로 입에 풀칠을 해 왔다.

그런 상황에서 **'페이지 주인권이 팔린다'라는 선택지가 생긴 것이다.**

게다가 경우에 따라 '인세 수입'보다 '페이지 주인권 수입'이 많아질 가능성도 있다.

이로써 구할 수 있는 기회가 생긴다.

이로써 지킬 수 있는 생명이 있다.

조금 더 그림책 작가 활동을 이어 나갈 수 있을지도 모르고, 가족을 부양할 수 있을지도 모른다.

그러나 현재 NFT로 '페이지 주인권'을 판매하는 그림책 작가는 거의 없다.

무슨 짓이야?

작품을 지키고 싶지 않아?

활동을 계속하고 싶지 않아?

가족을 지킬 생각이 없어?

아니, 그들은 고개를 저을 것이다.

그렇다면 왜 안 할까?

'모르기' 때문이다.

어차피 이렇게 말할 거잖아?

'그런 방법이 있는지 몰랐어.'

거짓말하지 마. NFT의 발걸음 소리는 들려왔잖아.

몰랐던 게 아니야. 알려고 하지 않았던 거다.

크라우드 펀딩에서 10년 뒤처진 역사를 또 되풀이할 셈이야?

이번에야말로 마주 봐라. 꿈과 돈을.

NFT라는
럭셔리 상품

'어머니가 무지하면 병에 걸리고 아버지가 무지하면 가난해진다'라는 말이 있다.

이 말을 듣고 찔리는 게 있다면 진리이다.

'가난'이란 무엇일까?

한마디로 정리하기는 어려우나 굳이 하자면 '선택지가 없는 상태'라고 해야 할까?

가난해지면 의식주의 선택지가 줄고, 가난해지면 인풋의 선택지가 줄며 미래의 선택지도 줄어든다.

그렇다면 '왜 가난해질까?'

이 역시 '선택지'의 문제로, 엄밀히 말하면 '돈을 만들어 낼 선택지가 적기 때문에' 가난해진다.

예를 들어 개그맨 세계에서는 '라이브 굿즈의 재고 문제'로 오랫동안 고민해 왔다.

'라이브 무대에 맞춰 오리지널 굿즈를 만들려고 하는데 재고가 생기면 어쩌지……'

수익을 올리려고 굿즈를 제작하는데, 대량으로 재고를 남겨 적자가 되면 안 되므로 언제나 '여유 있게 매진될 수'만 만든다.

다만 너무 빨리 매진되면 그건 그것대로 기회비용 손실이 발생해 '그럼 조금만 더 만들걸……'이라며 한숨을 내쉰다.

이런 일의 반복이다.

그들에게는 굿즈를 만드는 일 자체가 '도전'이자 '도박'이다.

그러므로 때로는 승부에 나섰다가 실패하고 가난해진다.

이야말로 **무지가 초래한 가난**이라 할 수 있다.

어려운 이야기가 아니다.

각 굿즈의 손익 분기점('○○개 이상 팔리면 흑자'라는 선)을 뽑고, 굿즈마다 크라우드 펀딩을 열어 예약 판매를 하면 된다.

굿즈의 수령 장소는 라이브 공연장이다. 즉 회장에서 받으러 오는 관객이 타깃이다.

크라우드 펀딩에는 목표 금액에 도달하지 못해도 프로젝트를 수행하는 **'All In형'**과 목표 금액에 도달하지 못하면 그때까지 모은 후원금이 전부 자동 환불되며 프로젝트 자체를 취소하는 **'All or Nothing형'**이 있다.

크라우드 펀딩 목표 금액을 굿즈의 손익 분기점으로 삼고 'All or Nothing형'으로 프로젝트를 시작하면 라이브 굿즈 제작의 위험 부담은 전혀 없다.

목표 금액을 달성하지 못하면 굿즈를 안 만들면 그만이고, 목표 금액을 달성하면 만들면 된다. 그것뿐이다.

크라우드 펀딩을 테스트 마케팅으로 활용할 수 있다는 지식만 있으면 라이브 굿즈 제작은 '도전'도 '도박'도 아니다.

참고로 **이게 10년 전 지식이다.**

라이브 굿즈 제작 말고도 사용할 일이 많으니까 이제 좀 학교에서 가르쳐라.

돈을 마련할 선택지가 적은 사람은 '돈을 마련할 선택지가 적다는 사실'을 자각하지 못한다.

그러므로 얼마 안 되는 자산을 돌리다가 끝내 가난해진다.

'무지함을 알아야 한다(무지의 자각)'는 말은 자주 듣는데, 일단 자신이 지식을 가지고 있지 않음을 아는 게 중요하다.

NFT도 열심히 설계하면 '돈 마련'에 이용할 수 있다.

'페이지 주인' 이야기를 예로 들자. 이제까지 팔 수 없었던 게 NFT로는 팔 수 있다.

우선은 그걸 알고 다음에는 '방법'을 배우자.

당신이 돈을 모을 때의 선택지에 'NFT'를 넣어도 손해는 보지 않을 것이다.

자. 그림책 『보기 힘든 마르코: 굴뚝 마을에 핀 꽃』의 '페이지 주인' 제1탄(총 3건)의 NFT는 약 4백만 엔에 낙찰되었다.

바로 제2탄 이야기가 나왔으나 '잠시 시간을 주세요'라며 일단 중단했다.

이유가 있다.

제1탄은 효과적으로 고가에 낙찰되기는 했으나 NFT 경매에 참여하는 사람이 적었기 때문이다.

이래서는 곧 숨통이 끊긴다.

이런 종류의 NFT는 아무리 생각해도 '기능'을 파는 상품이 아니다.

판매하는 것은 '이 페이지의 주인이라고, 내가. 에헴!'이라는 '의미'잖은가?

이런 종류의 NFT는 '쓸모는 없으나 의미는 있는' 럭셔리 상품 자체가 아닌가.

그렇다면 **'참가자가 적다'면 럭셔리 계산식과 맞지 않는다.**

기억하나?

럭셔리의 계산식은 『꿈(럭셔리)』=『인지도』-『보급도』다.

『인지도』-『보급도』의 값이 작은데 고가에 팔린다는 것은 럭셔리의 판매 방식이 아니다.

거기에는 '니시노에게 주는 축의금'이나 'NFT 버블' 같은 다른 요인이 작동하고 있다. 이래서는 재현성이 없다.

그런 이유도 있어, 2021년 7월에 페이지 주인 NFT를 발행한 후 다시 NFT를 발행한 시기는 2022년 들어서였다.

물론 그동안 아무 일도 안 했다는 소리는 아니다.

온라인에서 일반인을 상대로 NFT 공부 모임을 여러 차례 열고, 전국을 돌아다니며 오프라인 모임을 계속해 '암호화폐 거래소'나 '지갑' 등록을 도와 언제든 NFT를 살 수 있게 준비했다.

크라우드 펀딩과 마찬가지로 NFT의 최대 장애물은 '로그인'이다.

'이더리움이나 지갑을 다루는 사람이 내 주위에 얼마나 있나?'가 승부가 나뉘는 대목이다.

이 부분을 개척하지 않는 한, NFT는 시작할 수 없다.

NFT는 도깨비방망이도 아니고 금화가 열리는 나무도 아니다.

'○○ × NFT'라고 해서 다 팔리는 건 아니다.

『인지도 - 보급도』의 값을 올려 '모두 다 알고 있지만, 거의 아무도 갖고 있지 않은' 상태로 만드는 게 중요하다.

살 수 없는 사람이 늘리려면 비용을 들이는 것이 중요하다.

그러나 전 국민에게 내 NFT를 알리는 건 불가능하지 않은가?

그렇다면 무엇이 필요할까?

내가 아는 답은 한 가지뿐이다.

NFT를 판매 & 운용하는 데 빼놓을 수 없는 것이 있다.

'커뮤니티'다.

돈 같은
'공동 환상'

 NFT를 판매 & 운용하는 데 '커뮤니티'가 필요하다.

 그보다 아까부터 NFT에 대해 잘난 척하며 떠드는 나는 어떤 작자인가? 바로 이 부분이 의심스러우면 이야기가 제대로 머리에 들어오지 않을 테니까 먼저 우리의 NFT 실적을 소개하겠다.

・2021년 7월에 낸 그림책 『보기 힘든 마르코: 굴뚝 마을에 핀 꽃』(총 3건)은 약 4백만 엔에 낙찰되었다(이하 이더리움[ETH]은 가치 변동이 격렬해 판매 당시의 일본 엔화 가격으로 표기).

・2022년 8월에 발표한 「SHINZO」(트위터 프로필 이미

지)는 판매 가격 약 2천 엔에 9천 점 이상 판매되었다.
· 2022년 8월부터 10월까지, 매일 한 점씩 경매에 내놓은 쓰레기 괴물 시리즈 「Poubelle」(트위터 프로필 이미지)은 낙찰 평균 가격이 약 85만 엔으로 54점 전부 낙찰되었다.
· 2022년 10월 31일에 판매 가격 약 2천 엔으로 한정 1만 점을 판매한 「Halloween Poupelle」(트위터 프로필 이미지)은 판매를 시작하고 47초 만에 1만 점 완판. 같은 시간대 NFT 거래량 세계 1위를 획득했다.
· 2022년 11월에 시작한 AI 아트 시리즈 「CHIMNEY TOWN Landscape」는 판매 가격이 약 2만 엔으로 매일 2점씩 판매되어 연일 판매 즉시 매진되었다.

이 밖에도 더 있으나 다 쓰면 한도 끝도 없으므로 이 정도에서 끝내겠다.

뭐, '현장에서 결과를 내는 사람이 그 경험담을 말한다'라는 점만 알리면 충분하다. 그런 의미에서 자기소개는 끝.

NFT에 있어서 커뮤니티의 필요성

이제 본론으로 들어가자.

NFT를 판매 & 운용하는 데, 왜 '커뮤니티'가 필요한가?

결론은 '커뮤니티가 없으면 가치를 유지할 수 없기 때문'인데 그렇게만 말하면 이해하기 힘들 테니까 자세히 설명해 보겠다.

이제까지 여러 차례 '부가가치로 "의미"를 더해라'라고 유난스레 충고했는데, 한편으로 우리는 '"기능"의 가격은 안정되어 있으나 "의미"의 가격은 변동이 격렬하다'라는 점을 일단 유념해야 한다.

신용을 잃을 때는 한순간이다.

그러므로 명품은 '브랜드 가치'를 지키려고 엄청난 비용을 지불하고 있다.

NFT도 그렇다.

비공개 그룹의 참가 티켓 같은 특전이 붙어 있기도 한데, 역시 '기능'을 판매한다고는 말하기 어렵다.

NFT가 파는 것은 '의미'다.

'이 그림이 좋아' 혹은 '이 그림의 일러스트레이터를 응원하고 있어' '이 그림을 가진 나, 어때?'라는 '의미' 말이다.

그만큼 가치도 변동되기 쉽다.

이게 바로 NFT의 까다로운 점인데 가치가 변동되기 쉬운 상품은 '판다고 끝나는' 게 아니다.

판 상품의 가치가 폭락하면 당신의 상품을 산 당신 팬은 '비싸게 구매한 피해자'가 되고 만다.

당신은, 당신을 응원한 팬이 그런 일을 당하게 만들 셈인가?

그렇지 않을 것이다.

그렇다면 **'판 상품의, 그 후의 가치를 지키는 활동'이 필요하게 될 것이다.**

이게 '**운용**'이라고 부르는 부분이다.

'어? 뭐라고? NFT라는 게 유행인가! 좋았어! 나도 시대의 흐름을 따라 NFT를 해 보자!'라며 울부짖는 시골뜨기들 대다수는 이 '운용 경비'를 쏙 빼놓고 있다.

'운용'을 방기한 NFT는 사기나 다름없다.

실체가 없는 걸 팔면서 '돈은 안 돌려주겠다'라는 소리다.

NFT를 판매하는 사람에게는 자신이 발행한 NFT의 가치를 계속 지킬 책임이 있다.

그렇다면 NFT의 가치는 어떻게 지킬 수 있을까?

여기서 '커뮤니티'가 나온다.

내가 어렸을 때「빅쿠리맨」(초콜릿을 사면 따라오는 스티커)이 크게 유행했다.

적군과 아군을 나눠 다양한 전사가 등장하는데 어떤 전사 스티커가 나올지는 뚜껑을 열어 볼 때까지 알 수 없다.

그중에서도 인기 있는 건 '키라'라고 부르는 (※다른 지역에서는 또 다른 별명이 있었으려나?) 홀로그램 가공된 반짝반짝한 스티커로, 훈남 전사인 '헤드로코코'가 나온 날에는 학교 안에 소문이 날 정도였다.

'3학년 걔, 헤드로코코를 갖고 있대!'라고.

당시에는 30엔 정도면 손에 넣을 수 있는 스티커였는데, 최근 메루카리*에 들어가 보니 상태가 좋은 '헤드로코코'는 1만 엔 이상에 거래되고 있었다. 「빅쿠리맨」을 모르는 사람이 보기에는 단순한 스티커에 온 학교가 들썩이고, 1만 엔에 팔리는 현상은 기이할 것이다.

이것이 '커뮤니티'다.

'빅쿠리맨 커뮤니티'에서는 각 스티커의 희소가치가 공유되어 '키라는 좀처럼 나오지 않아' '그중에서도 "헤드로코코"는 더 안 나와'라는 세계가 형성된다.

'"헤드로코코"를 갖고 있으면 스타가 되겠지'라는 일도 있다.

굳이 말하자면 '트렌드'다.

어려운 말로 바꾸면 '공동 환상'이고.

'트렌드'는 혼자 만들어 낼 수 없다.

'트렌드'를 만들려면 어느 정도의 "규모"가 필요하다.

돈도 그렇지 않은가?

아마존 오지의 부족 마을에 1만 엔짜리 지폐를 가지고 가봤자 아무것도 살 수 없다.

불쏘시개로나 쓰이고 끝이다.

1만 엔 지폐는 '1만 엔 지폐에 1만 엔의 가치가 있다고 믿는 커뮤니티' 안에서만 1만 엔의 일을 한다.

그 후 커뮤니티 밖의 사람이 1만 엔의 일을 하는 종잇조

---

* 일본 최대 플리마켓 사이트

각'을 발견했을 때 '아무래도 저 종잇조각에 가치가 있는 듯해'라고 흥미를 가져야 **공동 환상이라는 '트렌드'는 동심원 형태로 퍼져 나간다.**

'트렌드'를 만들려면 그 시작에 커뮤니티가 필요하다.

우리가 발행하는 NFT에도 모체로, 「SHINZO」의 NFT를 사면 참여할 수 있는 "CHIMNEY TOWN DAO"라는 1만 명 규모의 커뮤니티가 있다.

그 커뮤니티 안에서 '다음에는 어떤 프로젝트를 시작할까?', 'NFT 매상은 어디에 쓸까?', '유통량은 얼마나 할까?' 등을 서로 이야기하고 NFT의 탄생부터 육아의 고충까지 공유하는 것으로, 유대가 생겨야 결과적으로 NFT의 가치를 지킬 수 있다.

화려한 것의 뒤엔 이런 치열함이 있다.

'디지털 폭탄 돌리기'가 된 NFT

 똑같은 맛과 양, 다른 내용도 정말 똑같은 조건의 라멘이 있다고 치고, 가게 A에서는 한 그릇에 7백 엔, 가게 B에서는 한 그릇에 9백 엔에 판다고 하자.

 그 사실을 다 알고도 당신이 가게 B를 선택한다면 가게 B의 라멘 요금 명세는 '기능 7백 엔 + 의미 2백 엔'이 될 것이다.

 그 상품의 "무엇"이 팔리고 있을까?

 '기능'이 팔릴까? 아니면 '의미'가 팔리는 걸까?

 '의미'는 '의미'라고 해도 '"가게 B에서 먹었다"는 브랜드에 내는 돈'일까, 아니면 '가게 B를 응원하려고 내는 돈'일까?

 상품을 품평할 때는 그 부분을 주목하면 좋겠다.

 '기능'에는 시장 가격이 있지만, '의미'에는 그렇지 않으므로 의미'가 크게 들어간 상품의 가격은 "변동"이 크다.

그만큼 우리는 '의미'를 깊이 이해하고 조심스럽게 다룰 필요가 있다.

라이브 운영 업계에서 예전부터 유명한 이야기가 있다.

'라이브 티셔츠는 너무 멋지면 안 팔린다'라는 말이다.

인생 최초로 라이브 무대를 오르게 되어, 인생 최초로 '굿즈 회의'에 참여한 아티스트는 언제나 '멋진 라이브 티셔츠'를 만들고 싶어 한다.

'아티스트의 이름이 최대한 드러나지 않게 해서 평소에도 입을 수 있는 디자인으로 하죠.'

본인은 팬들을 생각해서 한 말일 텐데 웬걸, '"평상복"으로 입을 수 있는 티셔츠'는 안 팔린다.

라이브에서 잘 팔리는 것은 가슴에 아티스트의 이름이 커다랗게 프린트된 "부끄러운 디자인의 티셔츠"다.

'멋진 티셔츠'와 '부끄러운 티셔츠' 두 가지 중 고른다면 '멋진 티셔츠'가 선택될 것 같지만, 그렇지는 않다.

그 이유는 이렇다.

아무리 팬이라 해도 평소에 입을 멋진 티셔츠가 필요하면 좋아하는 브랜드의 티셔츠를 살 것이다.

팬이 아티스트의 라이브 티셔츠를 사는 이유는 '나는 이 아티스트를 좋아해요!'라는 '의사 표시'다.

그러니 가슴에 커다랗게 이름이 프린트되어 있지 않으면 곤란하다.

그리고 가슴에 커다랗게 박힌 이름을 본 다른 사람한테 '어? 너도 ○○의 라이브 갔었어?'라고 질문을 받는다.

팬에게 라이브 티셔츠는 '패션 아이템'이 아니라 '의사 표시'이며 '커뮤니케이션 도구'이다.

가슴에 커다랗게 박힌 아티스트 이름을 없애면 그 티셔츠는 '패션 아이템'이 되고 말아서 '의사 표시'이자 '커뮤니케이션 도구'를 원하는 팬에게는 필요 없는 물건이 된다.

'상품의 의미를 바꿔서는 안 된다'라는 이야기다.

NFT도 그러하다.

'그림만 잘 그리면 팔린다'라는 소리가 아니다.

특히 SNS 프로필 이미지로 사용될 NFT는 '라이브 티셔츠'와 마찬가지로 '커뮤니케이션 도구'로서의 수요가 대부분이다.

단순한 도트 그림의 NFT에 때로 수백만~수천만 엔의 가치가 붙는 이유도 이 때문이다. 도트 그림 NFT를 트위터 프로필 이미지로 사용한 것만으로도 평소라면 엮이지 못할 사람들과 이어지기도 한다.

그 도트 그림의 가치를 아는 커뮤니티에 으스댈 수도 있다.

SNS 프로필 이미지의 가치 대부분이 그런 '커뮤니케이션 도구'라는 사실을 모르는 한……, 즉 '그림 실력'만으로 NFT의 가치를 따지는 한, 도트 그림에 수백만~수천만 엔의 가치가 붙는 이유를 이해할 수 없다.

'저런 그림에 수백만 엔이나 내다니, 속았네(웃음)'라는 식의 냉소 섞인 반응은, 아티스트 이름이 크게 박힌 티셔츠를 입은 팬을 보고 '그런 티셔츠를 사서 평상복으로 입다니 바보 같아(웃음)'라고 말하는 거나 같다. 아무것도 모르는 건 바로 당신이다.

NFT의 리스크

그런데 나는 SNS 프로필 이미지의 NFT를 판매 & 운용하는 사람들 활동을 다 두 손 들어 반길 생각은 없다.
여기서는 NFT의 리스크에 관해서도 제대로 이야기해 두고 싶다.
SNS 프로필 이미지의 NFT로 팔리는 것은 '기능'이 아니다.
팔리는 것은 '의미'다.
가격 내역의 **모든** 것이 '의미'라고 해도 과언이 아니다.
그것만큼은 취급 방법을 틀려선 안 된다.
가치가 안정되어 있는 '기능'에 비해 '의미'의 가치는 변동되기 쉽다.
다른 말로 바꾸면 '의미'의 가치는 조절하기 쉽다.
당연히 여기에 주목하는 이들이 있다.
단기적으로 이익을 얻으려는 '투기꾼'이다.

투기꾼이 늘어나기 시작하자마자 NFT는 너무나도 간단히 투기 상품으로 전락했다.

투기꾼은 눈여겨본 NFT의 장래성을 부풀려 가격을 끌어올린 다음 자기는 팔고 빠진다.

하지만 가치가 미래에도 영원히 우상향을 이어갈 상품은 없다.

억지로 끌어올린 가치는 반드시 폭락한다.

그리고 폭락할 때 그 NFT를 쥐고 있는 사람이 부채를 떠안게 된다.

50만 엔에 구입한 NFT가 다음 날에 0엔이 되는 일도 있다.

투기 상품으로 전락한 NFT는 '디지털 폭탄 돌리기'인 셈이다.

이러한 NFT의 이익은 장래 누군가가 떠안을 부채 위에 성립된다.

형편없는 것은, 자신이 발행한 NFT가 그런 '디지털 폭탄 돌리기'의 대상이 되었음을 파악하고 있음에도 언젠가 찾아올 폭락에 대해 '스스로의 책임'이라며 손절하는 일부 플레이어이다.

투기꾼이 들어오면 NFT 가격이 쑥쑥 올라가므로 '어서 오세요'라며 반기는 자세이다.

찬물을 끼얹는 짓 같아 미안한데, NFT 업계에는 이런 플레이어가 적지 않다. 그러므로 주의하길 바란다.

'투자 가치'를 선동하는 NFT에는 손대면 안 된다.

애초에 NFT라는 가능성을 그런 수준 떨어지는 머니 게임으로 끝나게 해도 좋단 말인가?

NFT는 누군가를 희생양으로 삼지 않으면 목적지에 도달하지 못하는, 그런 형편없는 수단인 건가?

아니다.

NFT라는 수단은 훨씬 흥미로운 미래를 맞이할 수 있다.

우리가 NFT로 한 2가지 실험을 소개하겠다.

AI × NFT로
활동 자금을 만든다

 NFT의 온라인 공부 모임 특전으로 공부 모임 참가자 1938명에게 「SHINZO」의 NFT를 무료로 선물한 적 있다.

 그런데 무료 배포한 「SHINZO」를 팔겠다고 나선 사람이 나타나 시장 가치가 쑥쑥 올라 정신을 차리고 보니 무료 배포한 「SHINZO」가 수만 엔에 매매되고 있었다.

 그래서 세상에 '1938점'밖에 없던 「SHINZO」의 NFT를 수량 무제한으로 판매해 늘 살 수 있게 해 봤다.

 하나에 약 2천 엔에(웃음).

 언제든 2천 엔에 살 수 있으므로 먼저 시장에 나와 있던 수만 엔의 「SHINZO」를 살 필요는 없다.

 덕분에 시장에 나와 있던 「SHINZO」도 점점 가격이 내려가 곧 약 2천 엔에 자리를 잡았다.

문제는 「SHINZO」를 투기 상품으로 만드는 투기꾼이다.

NFT라는 혁명을 바보 같은 투기꾼의 머니 게임으로 끝나게 하는 일은 너무나 아깝지 않은가?

그래서 살짝 장난을 쳐 봤다.

물론 애초에 '수량 한정'으로 내놓은 NFT라서, 추가 판매로 가격을 떨어뜨릴 일은 없으니 안심하시길.

자, 그럼. NFT에는 어떤 가능성이 잠들어 있을까?

우리는 NFT로 이제까지 할 수 없던 '무언가'를 할 수 있게 될까?

구글 검색하면 나오는 정보를 소개해 봤자 소용도 없다.

여기서는 우리가 실행한 NFT 프로젝트 가운데 확실한 반응이 있었던 프로젝트를 2가지 소개하려고 한다.

CHIMNEY TOWN Landscape

첫 번째는 『CHIMNEY TOWN Landscape』이다.

2022년은 'AI 아트 원년'이었다.

이제까지 AI가 그린 그림은 '아, 로봇의 한계는 이 정도구나'라고 느낄 정도로 조잡한 수준이었는데 텍스트를 바탕으로 이미지를 만드는 인공지능 프로그램 '미드저니(Midjourney)'의 등장으로 세상은 완전히 바뀌었다.

AI가 불과 몇 초 만에 그려내는 '콘셉트 아트'의 퀄리티는 인간의 재능을 아득히 능가해 콘셉트 아트 분야에서 활동하던 화가 많은 수가 직업을 잃었다.

뉴스 기사나 블로그 등에 붙이는 '이미지'는 이제까지 이미지 검색으로 찾고 때로 이미지를 사서 썼는데 이제는 그럴 필요가 없다.

이미지는 '검색'이 아니라 AI에게 '생성'해 달라고 하면 된다.

우리 생활에서 '검색'이라는 게 사라지는 미래를 누가 상상했을까?

2022년은 미술뿐만 아니라 음악, 문장…… 등 AI가 각성한 1년이었다.

온라인 살롱 「니시노 아키히로 엔터테인먼트 연구소」에서도 2022년 여름은 'AI 아트' 화제로 시끄러웠다.

살롱 멤버들은 텍스트(언어)를 입력하면 그 텍스트에 맞춰 일러스트를 생성하는 AI 아트의 특성을 거꾸로 활용해 일단 AI에 「굴뚝 마을」을 학습시키기로 했다.

'스팀펑크*, 많은 굴뚝, 검은 연기, 굴뚝 마을'

'겹겹이 쌓인 마을, 쇼와 레트로, 연기, 굴뚝 마을'

'공업단지, 시부야, 굴뚝, 굴뚝 마을'

---

*산업혁명 시기의 증기기관을 바탕으로 기술이 발전한 가상의 세계를 배경으로 한 대중문화 장르

AI(미드저니)로 만든 「굴뚝 마을」

이런 느낌으로「굴뚝 마을」일러스트를 만들 때 반드시 '굴뚝 마을'이라는 키워드를 넣고 AI에 '"굴뚝 마을"은 이런 느낌의 마을'임을 학습시켰다.

그런 보람이 있게, 최종적으로는 '굴뚝 마을'이라는 단어만 입력해도 AI가「굴뚝 마을」을 그리게 되었다.

'AI를 해킹하자'라며 장난처럼 시작한 놀이였는데 AI에 이렇게 저렇게 학습시키는 동안, AI에 어떤 장단점이 있는지 알아냈다.

'캐릭터'를 그리게 했을 때는 생각한 것과 다른 그림을 그려 주고 일관성이 없었지만, '배경'을 그리게 하자 아주 훌륭했다. 우리가 원하는 일러스트를 떡하니 내놓은 것이다.

예를 들어 '클레이 애니메이션 스타일의「굴뚝 마을」'을 제시하면 클레이 애니메이션 같은「굴뚝 마을」의 1백 가지 패턴, 1천 가지 패턴을 금방 완성했다.

AI의 빼어난 재능과 NFT를 엮은 프로젝트가 『CHIMNEY TOWN Landscape』이다.

그 프로젝트에서는 AI에 그리게 한 SNS 프로필 이미지가 아니라 배경 이미지에 초점을 맞췄다. 프로필 배경에 있는 가로로 긴 일러스트 말이다.

세상의 NFT 플레이어가 프로필 이미지를 놓고 의자 뺏기 게임을 계속하는 가운데, 프로필 배경 쪽은 무주공산이라 노려 보았다.

포인트는 '『꿈』=『인지도』-『보급도』'다.

「CHIMNEY TWON Landscape」의 일례

#0097

#0066

#0008

일러스트 제작 : Azu

AI가 하는 일이라 하루에 수백 점 혹은 수천 점씩 생성 &

판매할 수 있지만, 하루에 판매하는 수량은 '한정 두 점'으로 했다. 판매 가격은 약 2만 엔.

『CHIMNEY TWON Landscape』에서는 오늘도 AI가 그린 신작 NFT가 두 점씩 발행되어 추첨으로 뽑힌 사람에게 매일 팔리고 있다.

그렇게 팔린 『CHIMNEY TWON Landscape』의 NFT가 5만 엔 정도에 거래된 적도 있다.

이보다 거래 가격이 더 오르면 다시 판매 수를 생각할 볼 텐데 지금은 상황을 지켜보는 중이다.

참고로 NFT의 백화점 같은 곳인 OpenSea에서 거래된 NFT 매상의 10퍼센트는 크리에이터에게 들어온다. **크리에이터가 거래를 환영할 수 있는 구조 역시 NFT의 매력이다.**

『CHIMNEY TWON Landscape』의 매상은 엔터테인먼트 제작비나 어린이 후원에 전액 사용하고 있다.

즉 활동 자금을 AI가 벌게 하는 형태다. 덕분에 우리는 활동에 집중할 수 있다.

꿈을 좇으려면 활동 자금이 필요하다.

어려운 사람을 돕는 데도 활동 자금이 필요하다.

그 활동 자금을 모으는 방식 가운데 하나로 'AI × NFT'가 있다.

모든 사람이 'AI × NFT'로 활동 자금을 만들 수는 없겠으나, **조건만 갖추면 'AI × NFT'로 활동 자금을 만들 수 있다.**

그렇다면 모르고 있는 것보다는 알아 두는 편이 나을 것이다.

어려운 사람에게 손을 내밀 수 있는 강함이란, 이러한 선택지가 쌓인 결과다.

사람을 돕는
돈을 모으는 도구

벌써 여러 해, 「니시노 아키히로 엔터테인먼트 연구소」라는 수만 명이 활동하는 커뮤니티인 온라인 살롱을 운영하고 있다.

그곳에서 나는 매일 아침 2천~3천 자 길이의 기사를 올리고 그 기사에 살롱 멤버들이 댓글을 단다.

나는 모든 댓글을 훑어보기는 하지만, 역시나 상당한 수다. '좋아요'를 누르는 것만으로도 벅차서 '답글'까지는 쓰지 못한다.

다들 그걸 잘 알지만, 그래도 매일 댓글을 단다.

거기에 달린 댓글은 '기사의 감상'보다 오늘 하루를 살아가는 스스로에게 들려주는 듯한 말이라 따끔하게 찔러 온다.

댓글에는 호우 재해로 가게가 쓸려간 사람의 목소리도

있고, 코로나19로 직업을 잃은 사람의 목소리도 있고, 아이의 막대한 치료비를 내지 못해 눈물을 흘리는 부모의 목소리도 있다.

궁지에 몰린 멤버들의 목소리를 모아 살롱 전체가 공유하고 다 같이 돕는 일도 드물지 않다.

구마모토 호우로 가게가 떠내려 간 살롱 멤버를 돕기 위해, 크라우드 펀딩을 열어 후원금을 모은 적도 있다.

코로나19로 매출이 격감한 멤버를 위해, 살롱 멤버들의 음식점 지도를 만들어 다 함께 배달 음식을 시켜 먹은 적도 있다.

할 수 있는 일은 다 한다. 그건 정해져 있다.

하지만 그래도 도울 수 없을 때가 있다.

기댈 사람이 나밖에 없는데도 도울 수 없을 때가 있다.

내가 약하기 때문이다.

내게 '지식'이 없기 때문이다. 내게 '도울 수 있는 선택지'가 적기 때문이다.

온라인 살롱을 운영하며 멤버들과의 거리를 줄일수록, 그런 생각의 반복이다.

당신에게도 틀림없이 눈앞에서 도움을 요청하는 사람이 있음에도, 손도 발도 내밀지 못하는 날이 찾아올 것이다.

자신의 무력함을 한탄하며 미안하다고 말할 수밖에 없는 비참한 시간 말이다.

가능하면 맞이하고 싶지 않겠지?

그렇다면 가능성을 찾아라.

모르는 분야에 나서서 다가가, 가설, 검증, 실험을 반복하며 꿈과 사람을 돕기 위해 필요한 돈을 모을 수단을 찾아라.

이제 슬슬 이 책을 정리하려고 한다.

그 전에 **내가 최근에 발견한 '사람을 돕는 수단'을 당신에게 공유한다.**

이는 나만 할 수 있는 방법이 아니므로 열심히 자신에게 맞추면 당신과 당신 주위 사람도 사용할 수 있는 방법이다.

NFT의 한 가지 가능성이다.

다정한 NFT

서비스 제공자로서, 그리고 한 명의 손님으로 NFT를 접해보면 **NFT의 수요가 '구매 이력'에 있음**을 알게 된다.

내가 산 NFT가 모두가 볼 수 있는 내 지갑에 들어가므로 '내가 어떤 데 돈을 쓰는 사람인가?'를 불특정 다수에게 알리는 셈이다.

'돈의 사용처를 보면 인격을 안다'라는 게 바로 NFT 지갑의 정체성 그 자체다.

다른 사람의 지갑 내용을 들여다보며 '이 사람의 돈 쓰는 방법, 멋지네'라고 생각하는 이도 있는가 하면, 다른 사람이 본다는 걸 역이용해서 구입한 NFT의 사용처를 꾸며서 '멋진 사람'을 연출하는 이도 있다.

그 덕에 NFT 지갑은 양복이나 시계, 자동차 같은 패션 아이템과 비슷한 역할을 한다.

포인트는 '스스로 어필하는 게 아니지만, 내 돈 쓰는 방식을 모두에게 드러낸다'라는 점이다.

이는 후반부에 나올 테니 기억해 두길 바란다.

자, 그럼. 이 NFT의 지갑, 즉 '구매 이력을 모두가 본다'는 특성을 활용해 어떤 재미있는 일을 벌일 수 있을까?

어려운 사람을 도울 수는 없을까?

그런 생각에 시작한 프로젝트가 『CHIMNEY TWON GIFT』다.

이건 도대체 뭐지?

일단은 룸살롱에 가는 사장을 떠올려 보자.

당연히 그들은 눈앞에 있는 여성에게 호감을 얻고 싶어 할 것이다.

탤런트라면 '유명'해지는 게 '일의 성과'로 여겨지겠으나 '사장의 업무 성과'는 눈으로 확인할 수 없다.

사장은 마음에 든 여성에게 '자신이 얼마나 우수한 사람인지'를 어필하고 싶겠으나 직접 나서서 자기의 우수함을 말하는 건 너무 촌스럽다.

그렇다면 자기의 우수함을 대신 말해 줄 무언가가 필요해진다.

여기서 활약하는 게 '고급 손목'시계인 것이다.

사장에게 고급 손목시계는 시간을 확인하는 도구가 아니다.

사장에게 고급 손목시계는 '이런 멋진 시계를 차고 있으므로 멋진 일을 해낸 사람임'을 마음에 든 여성에게 전해 주는 대변자이다.

스마트폰을 켜고 '아끼는 차'와 '별장' 사진을 그 여성에 보여 주는 사장도 있을 것이다.

아끼는 차와 별장 역시 '이런 훌륭한 자동차와 별장을 가지고 있다는 건 멋진 일을 해낸 사람임'을 마음에 든 여성에게 전해 주는 대변자이다.

오사카 미나미의 중소기업 사장이라면 '유명하지도 않고, 인기도 없는 젊은 개그맨'을 룸살롱에 데려가는 일도 드물지 않다.

거기에서 '안 유명한 젊은 개그맨'의 일은 한 가지다.

'사장의 매력을 여성에게 알려 주는 것'이다.

이게 좋은 일이든 나쁜 일이든 "내 매력을 나 대신 어필해 주는 대변자"에 대한 수요는 확실히 있다.

그게 '고급 손목시계'이고 '아끼는 차'이거나 '별장'이며 '안 유명한 젊은 개그맨'이다.

다음은 내 한심한 이야기다.

나는 기부와 후원을 상당히 좋아해 어린이 후원과 재해 지역 후원을 계속하고 있다.

최빈개도국인 라오스의 마을에 초등학교를 건설해 주는 기부를 한 적도 있다.

물론 내가 좋아서 하는 일이므로 '보상'은 바라지 않는다.

다만 이따금 언론에서 '니시노 씨는 과거 라오스에 초등학교를 기부한 적 있다고 합니다'라고 소개하면 조금 기쁘기는 하다.

그럴 때마다 '아니 뭐, 성인으로서 당연한 일을 했을 뿐입니다'라며 아무렇지 않은 듯한 표정을 짓는데, 내심은 '이 얘기, 좀 더 해 주면 안 되나'라고 생각한다.

이러는 것도 기본적으로 내가 후원한 일은 내 입으로 '후원했습니다'라고 발언하지 않는 한 아무도 모르기 때문이다.

내 속내를 스스로 한심해하면서도 뭐, 인간이란 게 그런 거잖나.

내가 기부와 후원을 자주 하므로 기부와 후원을 하는 사람의 마음을 잘 알고 있다.

그들의 본심은 '진심으로 기부, 후원을 하는 거니까 보상은 정말로 필요 없지만……. 그래도 기부, 후원을 한 걸 누가 알아 주거나 소문이 퍼진다면 아주 조금 기쁘지'다.

룸살롱에 다니는 사장도, 기부나 후원 활동에 애쓰는 니시노도 나름대로 그런 속내가 있다.

그리고 그런 마음은 한때의 유행이 아니라, 인간이 오랜 옛날부터, 그리고 앞으로도 계속 품을 속내일 것이다.

그렇다면 그 속내를 만족시키는 상품을 만들면 그 상품은 보편적인 것이 될 거다.

그래서 「후원했음을 증명하는 NFT」를 만들어 봤다.

그게 바로 『CHIMNEY TWON GIFT』다.

서비스 구조는 아주 단순하다.

제일 먼저, 그림책 기증을 모집하는 국내외 어린이 시설을 찾아 연락한다. 그리고 시설 아이들의 수를 확인한다.

'어린이 시절 A = 53명', '어린이 시절 B = 37명'이라는 식이다.

다음으로 『시설 A 53명 어린이에게 그림책을 보낼 수 있는 권리』, 『시설 B 어린이 37명 아이에게 그림책을 보낼 수 있는 권리』를 온라인 스토어에서 엔화로 판매한다.

판매 가격은 '『어린이 수』 × 『그림책 가격』'이다.

『CHIMNEY TWON GIFT』 메달 디자인

※ 후원한 책의 수량에 따라 메달 색이 다르다

그리고 구매자의 지갑에 '시설 A의 53명 어린이에게 그림책을 선물했음'을 증명하는 NFT를 보낸다.

'날짜'와 '시설 이름', '보낸 그림책 수량'이 각인된 '기념 메달 모양'의 NFT이다.

구매자가 지갑이 없을 때는 스마트폰에 지갑을 받아 설치하는 일까지 도와준다.

이 NFT에는 장치를 하나 더했다.

NFT이기는 하나 거래할 수 없게 한 것이다.

즉 구매자의 지갑에는 영원히 '시설 A의 53명 어린이에게 그림책을 선물했음'이라는 정보가 남는다.

불특정 다수가 열람할 수 있는 지갑에 '후원 이력'이 남는 것이다.

덕분에 내 입으로 기부나 후원한 사실을 밝히지 않아도 자신이 후원한 이력이 드러난다.

'지갑 서로 들여다보기'가 지금보다 훨씬 일상적인 일이 되면 '고급 손목시계'나 '아끼는 차', '별장'보다 '후원 이력'이 훨씬 도움이 될 것이다.

동기는 무엇이든 상관없다.

중요한 것은 어려운 사람이 도움받는 것이다.

중요한 것은 SOS에 반응할 수 있는 구조다.

2022년 12월에 시작한 『CHIMNEY TWON GIFT』에서는 지금까지 31개 시설의 2627명의 어린이에게 그림책을 선물했다(2023년 3월 15일 현재).

그리고 오늘도 그림책을 기다리는 어린이들과 연락해 NFT라는 수단을 사용해 후원을 매칭하고 있다.

NFT의 구체적인 가설·검증

이 이야기는 다음이 있다. 아직 설명하지 않은 게 2가지 있다.

첫 번째는 '왜 NFT를 일본 엔으로 판매했나?'

두 번째는 '왜 NFT를 "메달 모양"으로 만들었나?'

둘 다 아주 중요한 이야기다.

먼저 '왜 NFT를 일본 엔으로 판매했나?'를 설명한다.

보통 NFT의 매매는 '이더리움(ETH)'을 이용한다.

그런데 『CHIMNEY TWON GIFT』는 '일본 엔'으로 판매하고 있다.

온라인 스토어에서 어린이 시설에 보낼 그림책 후원을 모집하고 (어린이 시설에 그림책을 보낼 수 있는 권리를 판매하고), 후원이라는 이름으로 구매해 준 사람의 지갑에 '기념 메달 모양'의 NFT를 수작업으로 보내야 하므로 운용하는 측은 '일본 엔'으로 판매하면 상당한 수고가 드는데, 그런데도 '일본 엔'으로 판매하고 있다.

이유는 '일본 엔'의 가치가 안정되어 있기 때문이다.

'3년 전에는 "10만 엔 가치"의 기부를 했는데, 지금은 "5천 엔 가치"가 되고 말았어'가 되면 곤란하다.

'일본 엔'이라면 가치의 변동이 적어 후원액이 줄어들 일은 없다.

그래서 『CHIMNEY TWON GIFT』에서는 '일본 엔'으로 판매하고 메달에 '선물한 그림책의 수량'을 각인했다.

그저 '후원 당시의 가치'만 표시하는 거라면 '보낸 그림책의 수량'만 각인만으로도 원래는 충분했을 것이다.

그런데 이런 논리를 제쳐 두고, '20만 엔을 후원했다'와 '1

이더리움을 후원했다'라는 건, 각각 들었을 때의 인상이 다르게 다가와서 "지금은" 일본 엔으로 판매하고 있다.

이것도 계속하는 동안 또 방법이 달라질지도 모르지만, 어쨌든 목적은 '후원한 당시의 가치를 알기 쉽게 하는 것'이다.

다음으로 '왜 NFT를 "메달 모양"으로 만들었나?'를 설명한다.

예를 들어 당신이 온갖 스포츠카를 좋아해 미니카인 '토미카'의 페라리를 사서 당신 방 장식장에 진열해 놓았다고 치자.

어느 날에는 '토미카'의 람보르기니를 사서 페라리 옆에 놓았다.

또 어느 날에는 '토미카'의 포르셰를 사서 람보르기니 옆에 놓았다.

그러던 어느 날, 어쩌다 들른 장난감 가게에서 '토미카'와는 다른 회사의 크기가 아예 다른 스카이라인 GT의 미니카를 팔고 있어도 어찌된 일인지 구매 의욕이 생기지 않는다.

그쯤 되면 당신은 당신 방 장식장을 '토미카' 시리즈(같은 규격)로 장식하고 싶어졌기 때문이다.

다른 회사의 스포츠카는 사지 않으면서, 원래는 관심도 없었던 '토미카'의 트럭은 사고 만다.

'원하는 물건을 가지고 싶다'라는 욕구보다 '시리즈를 다

---

*TOMICA, 일본 토미사가 만든 모형 자동차 브랜드

갖추고 싶다'라는 욕구가 승리한 순간이다.

　이 감정은 다들 짚이는 데가 있지 않을까?

　이게 바로 수집이라는 습관의 정체이다.

　『CHIMNEY TWON GIFT』를 '메달 모양'의 NFT로 한 이유는 그림책 후원만이 아니라 장애인 후원, 고령자 후원 등 '후원형 NFT'의 규격을 메달로 통일함으로써 '메달을 모으고 싶다'라는 수집욕의 힘을 빌려서, 이제까지 자신이 눈길을 주지 않았던 "약한 사람"의 존재에 관심을 가지고 손을 내밀게 하기 위해서다.

　'장애인 후원은 해 본 적 없었는데 메달 NFT를 모으고 싶어서 후원했다'라고 말이다. 계기는 그걸로도 충분하다.

　모르면 관심을 가지지 않는 법이니까.

　그러므로 『CHIMNEY TWON GIFT』의 메달 NFT 디자인에 권리는 없다.

　지금은 '신령한 나무를 보호하는 비용을 지원했음을 증명하는 NFT' 프로젝트를 열고 있다.

　그것도 『CHIMNEY TWON GIFT』의 메달 디자인에 기반한 '메달 모양 NFT'다.

　메달을 모으고 싶다는 동기로 나무가 보호되면 그만이다.

　그렇게 해서 후원의 폭이 넓어지면 그만이다.

　오늘도 어디선가 도움을 기다리는 사람이 있다.

　마음만으로는 아무것도 할 수 없다.

'돈'이 필요하다. '돈을 만드는 수단'이 필요하다.

적어도 지금 우리 주위에서는 NFT가 '사람을 돕는 데 필요한 돈을 모으는 도구'로 사용되고 있다.

'앎'으로써 도울 수 있는 사람이 있다.

나 역시 NFT에 관해서는 여전히 모르는 것투성이다.

그러므로 오늘도 더듬어 가며 가설과 검증을 되풀이하고 수많은 실패를 거듭하며 가능성을 찾고 있다. 돕고 싶은 사람이 있기 때문이다.

당신은 어떤가?

시대를
올바르게 파악하라

 2022년에 일어난 AI의 큰 물결은 우리가 그리던 미래를 크게 바꿔 놓았다. 이 사실을 받아들이고 시대의 윤곽을 제대로 알아내 **'무엇이 돈이 안 되게 될지'를 파악하는 게 좋다.**

 최근 몇 년, 다수의 비즈니스인들이 'AI에 대체될 일과 그렇지 않을 일'을 놓고 논쟁을 되풀이해 왔다.

 결론은 대체로 '단순 반복 작업은 AI에 대체되기 쉽다'가 될 것이다.

 일테면 '판매원'은 'AI에 대체되기 쉬운 업무'로 이야기된다.

 분명 '무인 편의점' 얘기도 들리고 셀프 계산대도 등장했으니까.

 그러나 인근 소매점을 보면 '어느 가게의 상품이든 기능은 다 훌륭하고 가격도 별 차이가 없다. 그렇다면 "기능"으로 차별화를 도모할 게 아니라 판매원에 팬이 생기도록 하자'라는 인간 중심적인 방향인, 고객의 팬덤화로 선회하고 있다.

'기능'이 평준화된 2023년 현재, 소매점들은 '누구에게서 사는가?'라는 경쟁을 시작하고 있으며, **AI로 대체되기는커녕 '사람이 아니면 안 되는' 상황이 되고 있다.** (※자세한 내용은 『쓰레기 인간 ~일본 전체가 비웃었던 꿈이 있다』로 확인하기를)

더 흥미로운 점은 오랫동안 'AI로 대체되기 힘든 일'로 분류된 '미술가'나 '디자이너'이다.

내 온라인 살롱 「니시노 아키히로 엔터테인먼트 연구소」와 NFT에 특화된 커뮤니티 『CHIMNEY TOWN DAO』의 멤버가 시작한 『밴드 사우루스』라는 프로젝트가 있다.

여기서는 모두가 "있지도 않은 '공룡 밴드'"의 아티스트 사진을 AI로 생성해 『밴드 사우루스』 공식 인스타그램에 매일 1점씩 올리고 있다.

『밴드 사우루스』 인스타그램

BAND SAURUS(@band_saurus)

밴드 사우루스 미니

밴드 사우루스 NFT 경매 사이트에서

PECO/by Kuria LALA/by Takenoko LILY/by Nemoto

ACHICHI/by Hinotorihomura GABURI/by Azu AIBO/by Machio

원래 아티스트 사진은 "찍으면 안 되는" 건데 『밴드 사우루스』의 아티스트 사진은 고객이 "생성"하고 있다.

이로써 스튜디오를 예약하는 비용도, 카메라맨이나 스타일리스트, 메이크업 아티스트의 인건비도 들지 않는다.

인스타그램에 올리는 것만으로 끝나지 않는다.

『밴드 사우루스』는 '기업 안건'으로 건실히 돈을 만들고 있다.

예를 들어 치과 의사로부터 의뢰를 받으면 '치과에 간 공룡', 덴탈 사우르스 사진을 AI로 생성해 인스타그램에 올린다.

엄밀히 따지면 먼저 '치과에 간 공룡' 사진을 AI로 생성하고 치과 의사에게 '기업 문의'를 타진해 판매한다.

훌륭한 인스타그래머다.

덴탈 사우루스: 아사이 치과의 경우

그것만이 아니다.

밴드 사우루스는 NFT 프로젝트도 시작해 매일 1점씩 밴드 사우루스의 NFT인 미니 사우르스를 출품해 경매에 올린다.

낙찰 평균 가격은 15만 엔이다.

매일 있는 일이므로 연간 매상은 장난 아니다.

그리고 이 NFT 역시 '고객'이 AI로 생성하고 있다.

더 나아가 밴드 사우루스는 「Plus Sustaina(플루스 서스테나)」라는 의류 브랜드도 시작했다.

디자이너는 물론 고객이다.

『밴드 사우루스』의 비주얼을 만드는 사람은 미술가가 아니라 'AI를 사용하는 일반인'이며 「플루스 서스테나」의 옷을 디자인하는 건 디자이너가 아니라 'AI를 사용하는 일반인'이다.

그리고 이미 그곳에 열광이 생겨나고, 돈이 생겨나고 있다.

정신을 차려 보면 **'크라우드 메이킹 시대'**다.

이런 미래를 누가 예측했나?

「플루스 서스테나」 인스타그램

Plus Sustaina(@plussustaina)

사실 내가 일하는 업계에서도 '콘셉트 아트는 사람이 아니라 AI에 맡기면 좋지?'라는 소리가 자주 들려온다.

'창의적인 일은 비정형적인 일이므로 AI의 위협을 받지 않는다'라고 생각하고 있다면 터무니없는 소리다.

'비주얼을 만들어 내는 일은 인간에게는 비정형적인 일일지도 모르지만, 그 내용은 "이제까지 봐 온 것들의 편집 작업"이므로 **실은 AI가 가장 잘하는 영역**'이라는 게 2023년 현재까지의 중간보고다. 2022년까지 인간은 AI를 얕보고 있었다.

단 몇 개월 만에 다시 쓰인 미래

조금만 구글 검색을 하면 '웹 1.0', '웹 2.0', '웹 3.0'이라는 단어가 나올 것이다.

인터넷 각 시대의 명칭이다.

아주 최근까지 '웹 1.0', '웹 2.0', '웹 3.0'의 내용은 이것이었다.

「웹 1.0」
고객이 서버(미디어나 법인)의 읽기 전용 페이지를 열람한 시대. 데이터 작성은 주로 서버 관리자.

「웹 2.0」
고객이 서버(유튜브, 트위터, 페이스북, 라인, 인스타그램 등)를 통해 다른 손님과 소통할 수 있는 시대.
고객이 데이터를 작성하고 발신할 수 있게 되었다.

「웹 3.0」
서버를 통하지 않고 고객끼리 직접 연결되면서 고객끼리 데이터(NFT 등)를 공유하고 관리하는 시대.
서버의 지배에서 해방되었다.

아주 최근까지 생각되어 온 '웹 1.0', '웹 2.0', '웹 3.0'

미디어와 기업이 일반인에게 발신

SNS로 개인이 데이터를 작성/발신

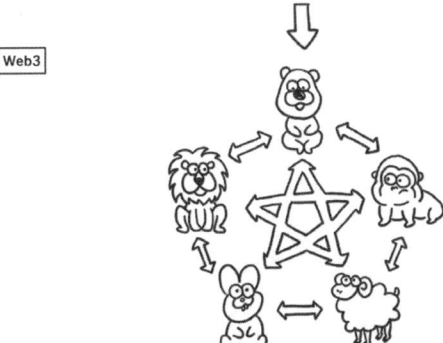

서버를 통하지 않고 고객끼리 연결

그러나

그런데 이때 AI가 괴물처럼 진화해 '웹 1.0', '웹 2.0', '웹 3.0'의 방식을 뒤바꿔 놓았다. 이것이다.

「웹 1.0」
고객이 서버(미디어나 법인)의 읽기 전용 페이지를 열람한 시대. 데이터 작성은 주로 서버 관리자.

「웹 2.0」
고객이 서버(유튜브, 트위터, 페이스북, 라인, 인스타그램 등)를 통해 다른 손님과 소통할 수 있는 시대.
고객이 데이터를 작성하고 발신할 수 있게 되었다.

「새로운 웹 3.0」
AI에 의해 창의적인 능력이 낮은 사람도 고품질의 작품을 생성하고 발신하게 된 시대.
모든 '장인 기술'의 가치가 사라졌다.

「웹 4.0 이후~」
서버를 통하지 않고 고객끼리 직접 연결되면서 고객끼리 데이터(NFT 등)를 공유하고 관리하는 시대.
서버의 지배에서 해방되었다.

현실로 다가온 세계

새로운 웹 3.0(현대)은 '생성형 AI의 시대'이며, '웹 2.0 다음에 온다'라고 생각됐던 시대는 웹 4.0 이후로 미루어졌다.

우리가 그리던 미래의 윤곽, 그리고 '시대의 정리'는 2022년에 일어난 AI의 큰 물결에 의해 보기 좋게 뒤집혀 버리고 만 것 같다.

이 부분에 대한 인식이 어긋나면, '창의적인 일은 AI에 대체되지 않을 테니까 창작자가 되겠다'라는 말도 안 되는 결론을 내릴 수 있으니 조심하는 편이 좋다.

하루라도 빨리 배워, 하루라도 빨리 이겨라

자, 이 책도 이제 슬슬 끝난다.

마지막으로 아주 중요한 걸 전하겠다.

귀 따가운 이야기일지도 모르겠다. 하지만 귀 따가운 이야기는 대체로 진실이다.

괜찮지?

20대에 생긴 차이는, 평생 메울 수 없다.

30대는 20대에 이긴 사람끼리 손을 잡고, 20대에 진 사람끼리 손을 잡게 된다.

40대는 30대에 이긴 사람끼리 손을 잡고, 30대에 진 사람끼리 손을 잡게 된다.

당연히 '주어지는 기회', '이용할 수 있는 인맥', 그리고 '쓸 수 있는 돈'에 차이가 계속 생겨난다.

'격차가 생기는 이유'를 간단하게 설명해 주는 유명한 게임이 있다.

규칙은 이렇다.

· 참가자가 게임을 시작할 때의 소지금은 1천 엔.
· 동전을 던져 앞과 뒤로 돈을 건다.
· 걸 수 있는 돈은 소지금의 20퍼센트.
· 이기면, 걸었던 만큼을 상대방한테 빼앗아 올 수 있다.

아주 단순한 게임이다.

나와 당신이 이 게임을 해 보자.

서로 걸 수 있는 금액은 "1천 엔의 20퍼센트"이므로 '200엔'.

거기서 내가 이기면, 내 소지금은 '1200엔'이고, 당신의 소지금은 '800엔'이 된다.

그다음에 당신이 나에게 복수를 신청한다고 치자.

당신이 걸 수 있는 돈은 "800엔의 20퍼센트"이므로 '160엔'이고, 내가 걸 수 있는 돈은 "1200엔의 20퍼센트"이므로 '240엔'.

거기서 이번엔 당신이 이긴다고 치자.

그러면 당신의 소지금은 960엔이고, 내 소지금은 1040엔이 된다.

어떤가?

1승 1패인데 격차가 생겼다.

이 게임을 여러 번 되풀이하면 승률 5할인데도 서서히 격차가 벌어진다.

이것은 '돈'만의 이야기가 아니다. '인맥'도 '기회'도 그러하다.

세상은 "맨 처음에 이긴 사람"을 편애하고, "처음부터 갖춘 사람"을 편애한다. 학교에서는 가르쳐 주지 않지만, 이것이 세상의 이치이다.

나중에 되찾겠다고 생각하지 마라.

하루라도 빨리 배워라.

인생에서 노력할 수 있는 양을 '100'으로 쳤을 때 그 '100'을 균등히 나누지 말고 **인생의 전반전에 노력을 집중 투하해서 첫 승리를 따내라.**

곁에 아이가 있다면 이 점을 꼭 알려 주길 바란다.

맺음말 ~꿈과 돈~

당신 주위에 '드림 킬러'가 있다.

당신의 꿈을 방해하는 사람 말이다.

드림 킬러는 당신을 질투하거나 원망하는 사람만이 아니라 당신을 사랑하는, 당신의 친구나 가족일 때도 적지 않다. '널 생각해서 하는 말이란다'라고 하는 그런 이들.

당신의 도전에 브레이크를 걸려는 사람은 다음 4종류이다.

① 당신을 방해하고 싶어 '하지 말라'는 사람
② 잘 모르니까 '하지 말라'는 사람
③ 과거 경험을 통해 '하지 말라'는 사람
④ 현재 경험을 대며 '하지 말라'는 사람

이 중 드림 킬러는 ①~③이다.

③은 과거에 실적을 남긴 사람이라 조금 성가신데 그 사람이 바른 판단을 내렸다면 지금도 현역에서 활동하고 있을 것이다.

①~③은 감정이나 억측으로 '하지 말라'라고 말하고 ④는 현재 데이터로 '하지 말라'라고 한다.

그러므로 ①~③의 이야기는 무시해도 상관없지만, ④의 조언은 듣는 게 좋을 듯하다.

현역에서 활동하는 사람의 '거길 파 봤자 물은 안 나와. 하지 마'라는 조언은 감정에 휘둘려서 하는 말이 아니고 수십 년 전 데이터를 바탕으로 하는 말도 아니다. 바로 직전 자신이 직접 그곳을 팠는데 물이 나오지 않아서 하는 말이다.

이 말에 듣고도 '해 보지 않으면 모르잖아요!'라고 반론하는 건 우스운 이야기잖은가?

솔직하게 귀를 기울이는 편이 좋은 브레이크도 된다.

①은 논외로 치고, 역시 다루기 까다로운 건 ②와 ③이다.

그 사람들은 악의도 자각도 없다.

잘 모르면 알아보면 되는데, 그건 안 하고 당신의 브레이크를 밟는다.

이렇게 무시무시한 속도로 시대와 규칙이 바뀌는데 과거의 방식이나 과거의 도덕관을 당신에게 들이밀며 당신의 브레이크를 밟는다.

2013년 1월 25일.

나는 뉴욕에서 개인전 개최를 목표로, 인생 첫 크라우드 펀딩에 도전했다.

어찌어찌 개인전 개최 비용을 모을 수 있었는데, 크라우드 펀딩 같은 건 아무도 모르던 시대였다.

'인터넷 거지' '인터넷 도둑' '신자 비즈니스' '사기꾼'이라는 소리가 하루에 수백 건씩 날아들었다. 여기에는 쓰고 싶지도 않은 말도 엄청 많았다.

나와 친한 스태프는 '니시노와는 거리를 두는 게 좋겠어'라는 말을 주위 사람들에게 들었고 내 어머니는 '사기꾼의 어머니'라고 불렸다.

시끄럽게 떠들어 대던 건 머리 나쁜 안티만이 아니었다.

나를 응원해 준 사람들도 '그런 일은 그만두는 게 좋겠어'라고 말했다.

왜일까?

늘 인터넷 쇼핑 사이트에서 예약 판매하고, 상품을 보내지 않나. 티켓을 팔아 라이브 개최 비용을 모아서 라이브를 하지 않나. 지역 기부제는 후원금에 맞는 답례품을 보내지 않나.

그런데 왜 크라우드 펀딩으로 후원에 걸맞은 답례품을 보내는 건 안 된단 말인가.

상경하는 친구에게 '전별금'을 주지 않나.

결혼식에서 '축의금'을 내지 않나.

친구의 도전에 공감해 다른 친구들과 지원금을 모으지 않나.

그런데 왜 크라우드 펀딩으로 후원금을 모으는 건 안 되는 건가.

수많은 자금 조달 방법 가운데, 수많은 후원 가운데 그저

하나의 형식일 뿐인데?

모인 돈의 사용처가 마음에 들지 않아서?

그렇다면 후원하지 않으면 그만이다.

동네 생선 가게나 세탁소가 번 돈을 어떻게 쓰는지도 참견하나?

참견하지 않을 것이다.

그런데 왜 크라우드 펀딩이 되는 순간 남의 돈 쓰는 방식에 참견하게 되는 걸까?

이 질문들에는 아무도 대답하지 못했다.

그도 그럴 것이다.

논리도 뭣도 없이 '잘 모르겠지만 아마 나쁜 게 틀림없어'라는 이유로 비판하던 것이다.

뉴욕에서의 개인전을 계기로 '자금 조달'과 '세상'을 알고, 내 인생의 문이 열렸다. 지금은 그 연장선상에 있다.

그것은 내게 있어 크나큰 한 걸음이었다.

'그런 일은 그만두는 게 좋겠어'라는 조언에 귀를 기울였다면 지금쯤은⋯⋯. 아, 그만하자.

그날, 크라우드 펀딩이라는 선택지를 부정한 사람은 지금 아무렇지 않은 얼굴로 살고 있다.

그러기는커녕, 오히려 크라우드 펀딩을 이용하기도 한다.

부정했던 과거를 숨기거나 잊었거나.

나는 어쩌다 거절하는 데 성공한 셈인데, 당시 나와 같은 공격을 받고 중지된 크라우드 펀딩이 적지 않았다.

크라우드 펀딩만이 아니다.

온라인 살롱을 시작했을 때도, 그림책을 무료로 공개했을 때도, '제작 과정'을 팔기 시작했을 때도, 라이브 티켓의 가격 차이를 크게 뒀을 때도 마찬가지였다.

돈의 문제와 정면으로 대면하고 "이후 기준이 될" 타개책을 제안했을 때 일본에서는 언제나 큰 비판이 일었다.

지금까지 대체 얼마나 많은 꿈이 '돈에 관한 지식 부족' '돈에 대한 낡은 고정관념'에 짓밟혔을까?

친구와 부모, 선생에게 짓밟힌 꿈이 얼마나 많을까?

'꿈이야? 돈이야?' 당신 주위 사람은 아직도 이 논쟁을 되풀이하고 있을 것이다.

들을 필요 없다. 그런 건 전부 헛소리다.

'꿈'과 '돈'은 상반된 관계가 아니다. 우리는 '꿈'만 선택할 수 없다.

'돈'이 없으면 '꿈'도 사라진다. 이게 진실이다.

돈 문제에서 시선을 돌리지 마라.

가족을 지키고 싶다면, 팀을 지키고 싶다면, 돈에 대해 함께 이야기하는 시간을 만들어라.

아버지라면, 어머니라면, 선생님이라면, 아이들에게 제대로 돈을 이야기해라.

잘 모르겠다면 솔직히 털어놓고 아이들과 함께 배워라.

그리고 잘못된 돈의 지식과, 잘못된 돈의 도덕관으로 아이들의 꿈을 짓밟는 이런 세상을 끝내자.

이 저주는 오늘 여기에서 끊어 내야만 한다.

마지막으로 정말 중요한 이야기를 하겠다.

당신은 꿈이 있는가? 하고 싶은 일이 있는가?

하기야, 대부분의 사람들이 '딱히 없다'라고 대답할 것이다.

착각해서는 안 된다.

'하고 싶은 일'은 어느 날 갑자기 떨어지는 게 아니다.

어느 날 갑자기 '동기'가 불쑥 샘솟는 것도 아니다.

언제든 '하고 싶은 일'이나 '동기'를 만들어 내는 것은 '작은 결과'이다.

행동을 일으켜 '작은 결과'가 나왔을 때, '더 결과를 내서 더 기분 좋아지고 싶다'라는 마음이 생겨나고, 그것이 '하고 싶은 일'이나 '동기'로 이어진다.

일단 시작하지 않으면 아무것도 시작되지 않는다.

그러나 일단 시작하려면 돈이 든다.

돈이 없으면 일단 시작도 할 수 없다.

이게 현실이다.

이 세상의 가난한 지역을 수없이 봤는데, 그들에게는 돈이 없어 너무나 적은 선택지 가운데 장래를 선택해야 하는 환경에 있었다.

먼 세계의 이야기가 아니다.

일본은 지금 똑같은 환경을 향해 가고 있다.

일단 시작할 수 있는 일이 줄어 얼마 안 되는 선택지 가운데 '하고 싶은 일'을 찾아야 하는 상황에 내몰리고 있다.

'돈이 없어.' '돈의 지식이 없어' '돈을 만들 선택지가 적어'……. 이것들이 가져올 대미지의 크기를 알아야 한다.

이것들이 만들어 낼 세상의 크기를 알고 '나는 아직 아무것도 모른다'라는 사실을 알아라.

이야기는 거기서부터다.

반복하겠다.

시간을 만들어서 돈 이야기를 해라. 가족끼리. 팀끼리.

당신이 돈을 '더러운 것. 천한 것'으로 대하는 한, 당신 주위에는 마찬가지로 돈을 '더러운 것. 천한 것'으로 대하는 인간이 모인다.

돈에 대해 잘못된 지식을 지닌 인간이 모인다.

그 커뮤니티 안에서 사는 한, 미래의 문은 열리지 않는다.

그 커뮤니티 안에서 사는 한, 당신은 소중한 사람을 지켜 낼 수 없다.

다정한 사람이 되십시오.

그러기 위해 올바른 지식을 얻고 강해지십시오.

나는 다음 약속이 있어서 이쯤에서 마무리하겠다.

앞으로 당신이 걸을 밤길을 조금은 비출 수 있으려나? 어떨 것 같은가?
또 어디선가 감상을 들려주시기를.
당신과 당신 가족의 행복을 진심으로 바라겠습니다.
파이팅!

니시노 아키히로

끝까지 읽어 주셔서 감사합니다.

온라인 살롱『니시노 아키히로 엔터테인먼트 연구소』에서는 이 책에 쓴 내용과 비슷한 2천~3천 자 분량의 기사를 매일 올리고 있습니다.

꼭 참여해 보세요.

니시노 아키히로(킹콩)

온라인 살롱
『니시노 아키히로 엔터테인먼트 연구소』

옮긴이 민경욱

1969년 서울에서 태어나 고려대학교 역사교육과를 졸업했다. 일본문화포털 '일본으로 가는 길'을 운영했으며, 현재는 전문번역가로 활동하고 있다.
주요 역서로는 요시다 슈이치의 『거짓말의 거짓말』, 『첫사랑 온천』, 『여자는 두 번 떠난다』, 히가시노 게이고의 『방황하는 칼날』, 『레이크사이드』, 『비정근』, 이케이도 준의 『은행원 니시키 씨의 행방』, 『하늘을 나는 타이어』, 이사카 코타로의 『SOS 원숭이』, 『바이바이, 블랙버드』, 누마타 마호카루의 『유리고코로』, 『9월이 영원히 계속되면』, 야쿠마루 가쿠의 『데스미션』, 히가시야마 아키라의 『내가 죽인 사람 나를 죽인 사람』, 신카이 마코토의 『날씨의 아이』, 『스즈메의 문단속』 등이 있다.

꿈과 돈

2025년 10월 1일 초판 1쇄 발행

저 자 니시노 아키히로
옮긴이 민경욱
발행인 유재옥

표지 디자인 형태와 내용사이
본문 디자인 펜슬프리즘
마케팅 최원석, 윤아림
라이츠사업팀 김정미, 유아현
물류팀 백철기
발행처 (주)소미미디어
등록 제2015-000008호
주소 서울시 마포구 토정로 222, 502호(신수동, 한국출판콘텐츠센터)
전화 (02)567-3388 / 마케팅 (070)8822-2301
FAX (02)322-7665

ⓒ 니시노 아키히로, 2025
ISBN 979-11-384-8680-4 03320

* 책값은 뒤표지에 있습니다.
* 파본은 구입하신 서점에서 교환해드립니다.

꿈과 돈

니시노 아키히로 지음

돈이 없으면
꿈도 사라진다

생존 ✱ 신용 ✱ 가능성 ✱ 자립 ✱ 선택지 ✱ 구조 ✱ 전략 ✱ 해방

꿈과 돈

핵심 문구 필사집

머리말

"꿈이야? 돈이야?"
당신 주위 사람은 아직도
이 논쟁을 되풀이하고 있을 것이다.
들을 필요 없다.
전부 헛소리다.

4

'꿈'과 '돈'은 상반된 관계가 아니다.
우리는 꿈만 선택할 수 없다.
'돈'이 없으면 '꿈'도 사라진다.
이게 진실이다.

제1장

부유층의 생태계

6

우리는 돈이 제대로 돌지 않으면
자살을 선택하고,
범죄를 선택한다.

이 세상에 휴먼 에러는 없다.
시스템 에러가 있을 뿐이다.

'프리미엄'은
'경쟁 체제 속에서
최상위의 경험'이고,
'럭셔리'는
'경쟁이 없는 경험'을 말한다.

〔꿈〕 = 〔인지도〕 - 〔보급도〕

10

'기능'이 아니라
'의미'를 팔아라.

11

당신의 도전에
큰돈을 내는
사람의 생활을
상상하라.

12

인간의 노동력으로
만들어 낼 수 있는
돈에는 한계가 있다.

'많이 팔지 않아도 되는
비즈니스 모델을 구축한다'라는
'탈노동집약형', '탈완판사고'는
머리에 넣어 두는 것이 좋다.

제2장

커뮤니티

15

"기능"을 추구하면
"프리미엄"은 가능하나
"럭셔리"는 불가능하다

내 상품을 비싸게 팔려면
일단은 내 상품에
높은 가격을 붙이지 못하는
(붙일 수 없는) 구조를
아는 것이 중요하다.

【기능 검색】에서
【사람 검색】으로

'고객'은
'상품을 사 주는 사람'이고,
'팬'은
'서비스 제공자를 응원하는 사람'이다.

19

당신이 팔아야 하는 건
'기능'이 아니다.
'의미'다.

20

'불편'이
'커뮤니케이션'을 낳는다.

돈에는 5가지 사용 방법이 있다.
'소비', '낭비', '투자',
'투기', '저금(예금)'의
5가지이다.

22

'빚'이 나쁜 게 아니다.
'투자'가 나쁜 게 아니다.

제3장

NFT

24

돈은 공동 환상이며
모두가 가치를 믿는 순간에
가치가 발생한다.

NFT가 파는 것은
'의미'다.

NFT는
누군가를 희생양으로 삼지 않으면
목적지에 도달하지 못하는,
그런 형편없는 수단인 건가?
아니다.

AI × NFT로
활동 자금을 만든다.

서비스 제공자로서,
그리고 한 명의 손님으로
NFT를 접해 보면
NFT의 수요가 '구매 이력'에
있음을 알게 된다.

맺음말 ~ 꿈과 돈

'하고 싶은 일'은
어느 날 갑자기 떨어지는 게 아니다.
어느 날 갑자기
'동기'가 불쑥 샘솟는 것도 아니다.
언제든 '하고 싶은 일'이나
'동기'를 만들어 내는 것은
'작은 결과'이다.

시간을 만들어서
돈 이야기를 해라.
가족끼리.
팀끼리.

다정한 사람이 되십시오.
그러기 위해
올바른 지식을 얻고 강해지십시오.